LES NARCOS
MADE IN FRANCE

Eric Marmottans

LES NARCOS MADE IN FRANCE

PLON
www.plon.fr

92, avenue de France
75013 Paris
www.plon.fr ; www.lisez.com

Mise en pages : Graphic Hainaut

Dépôt légal : janvier 2024
ISBN : 978-2-259-31774-0

À Dominique Leriche, photographe de presse,
en souvenir de nos escapades sur le terrain judiciaire.

Le chaînon manquant

Le 20 mars 2013, l'affaire Air Cocaïne éclate au grand jour. L'histoire semble irréelle : un décor fantastique au cœur des Caraïbes, un avion au décollage sur le tarmac de Punta Cana avec 700 kilos de drogue à bord, l'arrestation spectaculaire de ses pilotes et de deux passagers, suivie de leur évasion rocambolesque, la rumeur de valises trop lourdes déchargées dans un petit aéroport français, des forces antidrogue dominicaines aux aguets, une dénonciation, des transferts d'argent à travers le monde, des centaines de journaux s'enflammant autour de l'avènement de ces « narcos français », une chasse à l'homme jusqu'en Espagne, une enquête haletante qui semble n'en jamais finir, puis un procès, qui, presque dix ans après les faits, marque le point final de cette affaire hors norme.

Cette histoire, qui a fait couler tant d'encre, jette un nouvel éclairage sur le monde de la drogue et ses réseaux. Aujourd'hui, dans le classement des procédures encombrant les tribunaux français, les grandes et surtout petites affaires de stupéfiants occupent la quatrième place, derrière les délits routiers, les vols et les violences. En 2012, année au cours de laquelle le projet Air Cocaïne a germé à Saint-Tropez, plus de 50 000 condamnations ont été prononcées pour des infractions à la législation sur les stupéfiants. Une décennie plus tard, le bilan est plus proche de 60 000 jugements[1]. Détention, offre ou cession, transport, importation… lorsque ces infractions sont commises en « bande organisée » ou dans le cadre d'une « association de malfaiteurs », ces circonstances aggravantes viennent en quelque sorte labelliser le statut de « narcotrafiquant », qui a été donné à certains protagonistes de l'affaire Air Cocaïne. Ces narcotrafiquants sont incroyablement organisés : pour acheminer la marchandise, des équipes sont constituées et d'importants moyens mobilisés.

Selon différentes études, l'économie de la drogue pèserait entre 2 et 3 milliards d'euros en France. On estime à 5 millions le nombre de consommateurs de cannabis et à « seulement » 600 000 l'effectif des usagers de cocaïne[2]. Mais les rendements observés dans le commerce de la poudre blanche, en pleine croissance, sont tels que la cocaïne représente 38 % des parts du marché des stupéfiants, alors que le cannabis constitue 48 %[3].

Une telle économie n'existe que grâce à une solide organisation criminelle sous-jacente, un réseau bien établi et une hiérarchie parfaitement définie. Le narcotrafic recouvre en effet un spectre très large d'acteurs, une pyramide à la base de laquelle prolifèrent des petites mains assurant la revente au détail. Ces « charbonneurs » servent l'intarissable clientèle des « usagers » dans des halls d'immeubles, des cages d'escaliers, ou au pied de barres d'HLM. Dans ces quartiers transformés en supermarchés de la drogue, les « rabatteurs » orientent les clients tandis que les « choufs » (ou « guetteurs ») sont chargés de donner l'alerte quand ils repèrent des équipages de police, notamment les Skoda à bord desquelles circulent les brigades anticriminalité (BAC). « *Ara ! Ara !* » Les dealers et leurs complices s'envolent alors comme une flopée de moineaux. Abandonnant leurs sacoches, ils grimpent dans les étages pour rejoindre un « appartement de repli » ; un squat ou un logement réquisitionné pour les besoins de la cause.

Au service de cette économie souterraine, des « ravitailleurs » sont chargés d'approvisionner les charbonneurs. La drogue conditionnée – barrettes de résine de cannabis, sachets d'herbe, pochons de cocaïne – est entreposée dans des caches à proximité du point de vente : gaines techniques, jantes de voiture, buissons, boîtes aux lettres, etc. Cette façon de gérer en flux tendu la marchandise permet de limiter les pertes quand le revendeur se fait attraper par les forces de l'ordre. Les trafiquants utilisent également des appartements « nourrices » pour stocker, avant leur conditionnement, des quantités plus importantes de produits stupéfiants. La fonction de « transporteur » consiste alors à assurer la logistique. Les occupants de ces logements mettent parfois leur domicile à disposition des narcotrafiquants sous la contrainte. Des personnes en situation de grande précarité, âgées et/ou handicapées sont des proies faciles pour ces individus sans scrupules. Les sacs, entreposés sous un lit ou dans un placard, sont non seulement susceptibles de contenir de la drogue, mais aussi des armes et du cash.

De la même manière, les gérants d'un point de deal n'hésitent pas à exploiter des sans-papiers ou à appâter des mineurs pour compléter leurs effectifs de volontaires prêts à guetter, à transporter ou à charbonner. Cette main-d'œuvre peut tabler sur une rémunération comprise entre 50 et plus de 100 euros par jour. Ces variations peuvent s'expliquer par les profils et les rôles de ces vacataires : un revendeur est mieux payé qu'un guetteur, un clandestin moins bien traité qu'un migrant avec un titre de séjour. On constate aussi des disparités entre villes ou quartiers, certains lieux étant plus ou moins en tension – comme on dit chez Pôle emploi – que d'autres. Il n'est pas du tout rare de voir un Francilien charbonner dans une cité du sud de la France, attiré par une petite annonce postée sur un réseau social. L'avènement des messageries instantanées (Snapchat, WhatsApp) s'accompagne en effet d'une ubérisation du trafic de stups, faisant émerger une cohorte de « livreurs »[4].

Quoi qu'il en soit, ces auxiliaires du narcotrafic n'en retirent que des miettes. On dit souvent qu'ils vivent encore chez leurs parents, car ils ne peuvent subvenir à leurs besoins… « [La saisie d'un livre de comptes] permet de mesurer l'ampleur des sommes mobilisées par les gérants, mais aussi le désastre que constitue la situation financière des petites mains du réseau, qui ne sont rien de moins qu'un lumpenprolétariat du trafic[5] », décrit la sociologue Claire Duport à propos du démantèlement d'un point de deal à Marseille.

En remontant la chaîne hiérarchique de ces trafics de proximité, on trouve des lieutenants capables de remplacer au pied levé un ravitailleur ou un transporteur défaillant, mais aussi de tenir un rôle de « collecteur » de recettes, de comptable, de manager, de recruteur, etc. Ces petits chefs mieux rémunérés que le bas de l'échelle ont toute la confiance des gérants. « Logiquement, les intermédiaires les plus élevés dans le réseau [gagnent] des sommes conséquentes, alors que les dealers de rue ne [réalisent] même pas le salaire minimum annuel garanti en France[6]. » L'Office anti-stupéfiants (OFAST) comptabilise en 2022 plus de 3 000 points de deal en France[7]. Tous ne génèrent pas des dizaines de milliers d'euros quotidiennement, mais vraisemblablement quelques milliers. En tout cas, les caïds qui contrôlent plusieurs points de vente, jusqu'à accaparer des pans entiers de quartiers, en tirent d'importants revenus.

Les enjeux financiers sont devenus suffisamment importants pour susciter les convoitises jusqu'à provoquer des guerres de territoire. Ces luttes de clans peuvent monter crescendo selon une mécanique de l'emballement, entretenue par un système de vendettas qui peut s'étendre sur de longues périodes. On déplore dans un premier temps des tirs d'intimidation, puis surviennent des « jambisations » (des blessures par balles visant les membres inférieurs) et enfin des homicides par armes à feu. À Marseille, les tueries se succèdent depuis des années à un rythme plus affolant qu'ailleurs. En plus des conséquences sanitaires, la violence générée par le narcotrafic, y compris dans les villes moyennes, est devenue un sujet de préoccupation pour les autorités et les habitants des quartiers gangrénés. Il arrive que des balles perdues se logent dans des chambres d'enfants, quand elles ne blessent ou ne tuent pas d'innocentes victimes.

Certains caïds de cités décrochent un titre de « parrain » parce qu'ils sont en mesure de gérer une filière d'approvisionnement en résine ou en herbe de cannabis de A à Z, c'est-à-dire du producteur au consommateur. « Certains sont aussi désormais à la tête du trafic de cocaïne, même si la configuration est différente puisque celui-ci se fait par association entre narcos d'Amérique latine et commanditaires[8] », précise Claire Andrieux dans une enquête journalistique qui a fait référence. On atteint là les hauteurs de la pyramide du narcotrafic où ces parrains font jeu au moins égal avec les « semi-grossistes » ou les « grossistes » brassant des quantités de stupéfiants relativement importantes. Au sommet de la pyramide du narcotrafic, ce sont les têtes de réseaux qui se taillent de très loin la part du lion.

Le chiffre d'affaires de la cocaïne en France a été estimé à 900 millions d'euros en 2010. « Concernant les quantités consommées, cela correspond à 15 tonnes de cocaïne[9] », avancent les experts. Selon leurs différentes hypothèses, les revendeurs de coke au détail étaient plus de 35 000, pour un revenu annuel avoisinant les 25 000 euros. Entre 9 400 et 13 500 semi-grossistes et moins de 2 000 grossistes auraient bénéficié d'un revenu supérieur à 44 000 euros pour les uns, à 255 000 pour les autres. Enfin, entre 23 et 33 têtes de réseau se seraient octroyé plus de 15 millions d'euros.

Si la structure pyramidale décrite ci-avant permet de situer les acteurs du narcotrafic sur l'échelle des baronnies de la drogue – des dealers de rue et autres petites mains jusqu'aux gros bonnets –, il convient de prendre également en compte une dimension pragmatique, moins formelle, quand on aborde « le haut du spectre ». À ce niveau-là, il faut parfois faire preuve d'imagination et recruter des profils atypiques pour assurer certaines fonctions support. C'est vrai pour les techniques de blanchiment comme pour les efforts déployés en matière de transport. Terre, air et mer : les narcos sont capables d'utiliser tous les vecteurs possibles et imaginables.

« Dans cette catégorie, chaque phase est assurée par des équipes distinctes qui vont prendre en charge une partie de la chaîne et s'enrichir dans leur branche : du producteur, au Maroc ou en Amérique latine, jusqu'au semi-grossiste qui achète pour plusieurs équipes, en passant par le grossiste commanditaire, le coordonnateur, le courtier, le transporteur, l'intermédiaire homme d'affaires, l'équipe de go fast[10], le blanchisseur…, décortique Claire Andrieux. Selon le cas de figure, les opportunités, les associations, chacun peut assurer une ou plusieurs phases. [...] Il existe une multitude d'alliances commerciales et de moyens d'acheminement possibles[11]. » C'est sur ce segment « logistique aérienne » que sont intervenus les protagonistes de l'affaire Air Cocaïne. Une équipe cloisonnée, c'est-à-dire sans lien avec les autres compartiments du trafic : d'un côté l'acheminement de la drogue entre le pays producteur (probablement la Colombie, premier producteur mondial, peut-être la Bolivie ou le Pérou) et la République dominicaine, de l'autre la prise de relais sur le sol français par la route dans les environs de Saint-Tropez.

Et l'histoire montre que les trafiquants internationaux n'ont pas attendu Air Cocaïne pour utiliser des moyens de transports extraordinaires. À la fin du XXe siècle, des Caravelle produites dans les années 1960 en France ont trouvé une seconde vie en Amérique latine ; certaines ont été utilisées par de fausses compagnies aériennes pour convoyer des centaines de kilos de cocaïne. « Au milieu des années 1990, les cartels sud-américains se sont pris d'une subite passion pour nos bonnes vieilles Caravelle. Avec leurs récurrents problèmes de pressurisation, elles étaient sur le point d'être radiées de l'espace aérien en Europe. Les compagnies qui en possédaient encore devaient s'en débarrasser au plus vite. Pour les narcotrafiquants, en revanche, l'utilité de la Caravelle est double. D'abord, elle peut planer sur plusieurs centaines de kilomètres : moteur coupé, elle défie les contrôles radar. Ensuite, l'achat d'une Caravelle permet de blanchir un peu d'argent[12]. » Des sortes de sous-marins – en fait des semi-submersibles artisanaux – et des « torpilles » arrimées à des cargos ont également défrayé la chronique. La plupart du temps, ces moyens sophistiqués, aériens ou nautiques, ont visé le continent nord-américain. Mais certains narcotrafiquants se sont déjà risqués à tester ces méthodes de convoyage pour atteindre le marché européen, en passant parfois par l'Afrique de l'Ouest utilisée comme terre de rebond. Évidemment, seuls les échecs sont documentés[13]. Voiliers engagés dans une transatlantique, bateaux de pêche dans les Antilles, hélicoptères ou semi-rigides entre le Maroc et la péninsule ibérique… le fret maritime reste le vecteur privilégié, il s'agit alors d'embarquer la marchandise à bord de porte-conteneurs empruntant des routes commerciales classiques. Là aussi, les stratagèmes sont divers et les trafiquants ne reculent devant aucune opportunité. En plus d'engendrer de la violence, le trafic de cocaïne génère aussi de la corruption dans les ports de départ comme à l'arrivée.

L'affaire de Tarragone, près de Barcelone, illustre ce mode d'importation. Le 16 octobre 2014, la police espagnole a intercepté une cargaison de conserves de poisson en provenance du Pérou *via* le canal de Panama, dans laquelle étaient dissimulés 420 kilos de cocaïne. La France n'est pas en reste, alors que ses territoires ultramarins constituent déjà des zones de rebond au même titre que la République dominicaine. « La cocaïne produite en Colombie ne transite pas uniquement par les Antilles. Deux autres routes existent. La première emprunte clandestinement, depuis le Brésil ou d'autres pays d'Amérique latine, les voies du commerce maritime légal, qui s'est beaucoup développé au cours des dernières décennies sous l'effet de la mondialisation. La drogue est camouflée au sein de cargaisons de denrées alimentaires, de bois exotiques ou dans des *containers*. Les douaniers ont découvert des chargements de ce type dans tous les ports français [...], preuve de l'extraordinaire structuration et ramification des réseaux criminels sur notre territoire. Mais pour cette voie quasi "industrielle" d'importation, la porte d'entrée principale semble être le port du Havre[14]. » Une seconde route est ouverte *via* les lignes aériennes régulières depuis la Guyane par le truchement de « mules[15] » – autres auxiliaires du trafic – qui transportent de la drogue dans leurs bagages ou dans leur corps.

Dans les salles d'audience qui jugent au quotidien les affaires de stupéfiants les plus banales, les procureurs ont l'habitude de tancer les petites mains qui s'exposent aux plus grands risques pour des miettes. En plus des jambisations et autres balles perdues, et des dettes engendrées par les saisies de stups, cette « chair à canon » risque d'être jetée sur la banquette arrière d'une Skoda de la BAC pour être jugée en comparution immédiate. Pendant ce temps, les organisations des narcos procèdent déjà au renouvellement de cette main-d'œuvre en première ligne.

Ces statistiques sont effrayantes, éloquentes, troublantes. Elles mettent en lumière un univers parallèle, violent et imprévisible, un univers dans lequel furent plongés les protagonistes de l'affaire qui a déchaîné les médias du monde entier. Une question, sempiternelle, et toujours irrésolue, agitait les consciences : comment des gens bien sous tous rapports ont-ils pu franchir la ligne blanche ? L'affaire Air Cocaïne, c'est l'histoire vraie de bons pères de famille, d'hommes parfaitement insérés dans la société, qui se brûlent les ailes en s'aventurant – à leur corps défendant, clament-ils quasi unanimement – dans l'univers opaque du trafic international de stupéfiants, peuplé d'individus moins recommandables, entre la République dominicaine et la France.

Ce dossier homérique est une illustration de la capacité qu'ont les narcotrafiquants à mobiliser d'importants moyens matériels et humains par appât du gain.

La valeur de 1 gramme de coke produit en Amérique latine, beaucoup plus rentable que le cannabis, est démultipliée quand on lui fait franchir l'océan Atlantique. Retranchés derrière des lignes téléphoniques cryptées ou prépayées, des lieutenants et une cohorte d'exécutants enrôlés dans des opérations sur mesure, les gros bonnets du narcotrafic ne se fixent aucune limite pour faire transiter leurs marchandises illicites.

Air Cocaïne jette aussi une lumière crue sur le monde discret et privilégié de l'aviation d'affaires, et fait se télescoper des milieux et des personnages selon une improbable scénographie. Au bout du compte, nonobstant les enjeux sanitaires et sociétaux posés par le narcotrafic, cette affaire fut un crash existentiel pour ses protagonistes. En tout cas, pour ceux, innocents ou non, qui ont été pris dans les filets de la justice. Les voilà pour la plupart estampillés « narcos français ». Des vies bouleversées et des familles traumatisées, c'est aussi cela, l'affaire Air Cocaïne. Une aventure humaine qui commence autour d'un verre, en juillet 2012, dans une station balnéaire de la côte méditerranéenne.

1

Au commencement était Saint-Tropez

Cet été-là, une rumeur se répand comme une traînée de poudre à travers les rues de Saint-Tropez. La pop-star Rihanna écume les magasins chics de la cité corsaire en tenue de plage. Une petite foule se forme dans la rue Gambetta, entre le port et la place des Lices. La chanteuse iconique finit par quitter la boutique Lanvin avec quelques paquets, échange avec des fans et s'engouffre dans un van aux vitres teintées[16]. La scène est presque banale dans le village du Var, emblématique de la Côte d'Azur. Après le 15 juillet, l'effervescence estivale y atteint son paroxysme. La presqu'île de Saint-Tropez, prise d'assaut par les yachts et les hélicoptères, redevient alors un terrain de chasse prometteur pour les paparazzi. Et l'épicentre de fêtes insensées. La jet-set trinque sur le pont d'un luxueux navire, papillonne dans les jardins d'une villa huppée, ou se mêle à la clientèle d'un établissement de nuit renommé. Un monde à part.

Frank Colin et Rayan – un prénom d'emprunt – font connaissance autour du 22 juillet 2012 dans cette atmosphère étourdissante. « L'avantage de ce monde provient aussi des contacts que tu y noues, des connexions qu'on y fait et qui sont susceptibles ensuite de changer le cours de ta vie[17]. » Coupes de cheveux travaillées et sapes de marque. À tout juste 40 ans, les deux hommes portent chacun au poignet une montre hors de prix, signe ostentatoire d'une réussite fantasmée par l'un comme par l'autre. Frank Colin vit au-dessus de ses moyens, Rayan est un narcotrafiquant. Eux ne se perdent pas dans les délices de l'insouciance ambiante. Dans quelques mois, ils se retrouveront au cœur d'une enquête sur un trafic international de stupéfiants.

« J'ai été amené à rencontrer Rayan en boîte à Saint-Tropez, il cherchait un moyen d'organiser un transport aérien de drogue[18] », assume Frank Colin. À l'époque, le quadra au teint hâlé a pris ses quartiers dans une villa à Gassin, une commune limitrophe. Un jet privé l'a déposé le vendredi 20 juillet à l'aéroport le plus proche. Ce Français expatrié à Bucarest aime se ressourcer dans sa région natale. Il n'oublie jamais d'inviter ses proches sur son lieu de villégiature, bercé par le chant des cigales. « Frank était extrêmement généreux, il me demandait de passer avec mon père et on était toujours très bien reçus », se souvient un ami de jeunesse. Cependant, en 2012, la maison louée par Frank Colin éblouit moins qu'à l'accoutumée. « On pouvait voir son train de vie baisser, les voitures n'étaient plus aussi sportives », dépeint un autre confident.

Pour le commun des mortels, les dépenses de M. Colin ont de quoi donner le vertige. Personnel de maison, chauffeur particulier, vacances haut de gamme… Des centaines de milliers d'euros par an. Ce mode de vie repose en grande partie sur le solde de tout compte reçu d'un riche employeur, Marc Chouraqui. Frank Colin, ancien videur de boîtes de nuit dans le Var puis à Paris, a été le garde du corps de ce « fils à papa » parti faire fructifier sa fortune en Europe de l'Est. « Colin, sans contrat, était payé en cash. » La rupture entre les deux Français a fait l'objet d'un accord dont un enquêteur du service national de la douane judiciaire (SNDJ) rapporte les détails : un virement de 800 000 euros, des voitures de très grande valeur, un bien immobilier à la mesure de ces cadeaux, et des parts dans un centre commercial en Roumanie où s'est fixé Frank Colin dans les années 2000. En échange de ce patrimoine, dont la valeur totale sera estimée à 1,6 million d'euros, Colin s'est engagé à rester discret sur les petits secrets de son ex-patron, héritier d'un ancien directeur général d'une entreprise du CAC 40.

Des projets d'investissements hasardeux et un train de vie dispendieux ont fait fondre ce trésor. En une poignée d'années, le capital de Frank Colin s'est consumé « comme un feu de paille », poursuit l'enquêteur du SNDJ en filant la métaphore incendiaire : « C'est quelqu'un qui a beaucoup flambé. » Dans ce contexte, faire affaire avec Rayan, c'est l'occasion de se renflouer. Quelques rendez-vous à Saint-Tropez suffisent à sceller avant la fin de l'été l'association entre les deux hommes en quête d'argent. De beaucoup d'argent.

Le personnage de Rayan entretient « des contacts directs avec des narcotrafiquants en Amérique du Sud », avance un gendarme de la section de recherches de Marseille. Dans le plan qui mûrit à Saint-Tropez, Rayan sera donc en mesure de s'occuper de l'approvisionnement en cocaïne. Colin, quant à lui, devra se consacrer à l'organisation d'un convoi aérien transatlantique pour importer des valises bourrées de poudre blanche. Un projet extravagant mais, selon l'un de ses visiteurs à la villa de Gassin, « Frank est quelqu'un de très excessif qui va au bout des choses ».

« Un contact russe me l'a présenté, il portait une montre à 200 000 euros et roulait en Ferrari noire immatriculée en Italie[19] », prétend Frank Colin à propos de Rayan. À la suite de la première rencontre au VIP Room, club incontournable à Saint-Tropez, « on se revoit, trois, quatre jours après, sur une plage connue – on échange nos numéros –, puis une troisième fois aux Caves du Roy (une boîte prestigieuse à deux pas de la place des Lices) ». Et ainsi de suite, jusqu'à la fin de la saison. Les enquêteurs auront toutes les peines du monde à identifier celui qui se cache derrière « Rayan ».

À la fin de l'été 2012, le souvenir de la cohue déclenchée par Rihanna dans les rues tropéziennes est déjà loin, balayé par une fausse nouvelle qui annonce la mort de la star à Los Angeles. Le deal conclu entre Frank Colin et Rayan, lui, devient en revanche de plus en plus concret. Colin tient son casting. « J'ai pris contact avec Alain Castany… »

Comme pour le voyage aller en juillet, Alain Castany, 66 ans, tient les commandes de l'avion qui ramène Frank Colin à l'aéroport du Bourget, en région parisienne. Cet élégant sexagénaire originaire de Narbonne n'est pas un pilote banal. « C'est quelqu'un qui a un relationnel très important », fait observer un magistrat en référence à un impressionnant carnet d'adresses. Politiques, show-business, chefs d'entreprise... « C'est le *Who's Who* d'avant 2015 ! » Le gentleman aux cheveux blancs s'est fait un nom dans le monde de l'aviation d'affaires. Il évolue dans ce milieu depuis longtemps avec plusieurs casquettes, dont celle d'intermédiaire entre voyageurs fortunés et transporteurs. « Nous le connaissions depuis des années, il n'avait jamais planté personne [à l'aéroport du] Bourget. Certes, il a eu une histoire d'assurances… Enfin, c'est ce qui se disait : il était assureur dans les avions, comme courtier. Dans cette histoire, il n'aurait pas payé des primes… », témoigne un professionnel du secteur. En dépit de cette vieille affaire d'abus de confiance[20], l'ex-courtier en assurances (son métier pendant trois décennies) est devenu broker, autrement dit apporteur d'affaires, avec une réputation solide. « Tous les clients qu'il nous a ramenés ont toujours payé. »

En septembre 2012, la casquette de pilote d'Alain Castany est sur le point de s'envoler, comme celle de courtier en assurances une dizaine d'années plus tôt. Le propriétaire du jet privé avec lequel Alain Castany transportait des clients aisés met fin à leur collaboration. « Il lui a reproché l'usage de la carte bancaire de la société. » Le Narbonnais, qui a domicilié ses bureaux en bord de Seine, entre la tour Eiffel et le ministère des Affaires étrangères, doit faire une croix sur 7 000 euros d'honoraires mensuels. Pour Alain Castany aussi, le projet de Rayan tombe à point nommé.

Frank Colin compte sur ce broker pour dénicher une compagnie aérienne susceptible d'opérer des vols long-courriers. « S'il avait dit non, on n'en serait pas là. » Cette compagnie ne devra s'intéresser ni au véritable objet des voyages ni aux modalités de leur paiement. Pas plus au client mystère, le narcotrafiquant Rayan. Selon des déclarations d'Alain Castany recueillies par une juge d'instruction, son rôle d'entremetteur lui permettra de prélever une commission – quelque 3 000 euros, allègue-t-il – sur l'argent apporté en espèces. Rayan ? « Je l'ai à peine entrevu une fois, dix minutes, à mon bureau du quai d'Orsay. » Alain Castany dément avoir eu connaissance qu'il participait à la mise en place d'un trafic international de cocaïne.

Le canevas du projet fomenté à Saint-Tropez se précise encore quand Frank Colin recrute dans son entourage un passager pour « accompagner » les valises de drogue. Il propose ce rôle à un « Marseillais bon à rien à qui [il] donne de l'argent[21] ». Nicolas Pisapia, lui aussi exilé à Bucarest, vit « aux crochets » de Colin, qui l'a déjà embrigadé dans des projets sans lendemain. Ancien marin-pompier devenu esclave des temps modernes dans un *call center* roumain, Pisapia prendra place dans l'avion sans rechigner. Le client fantoche reconnaîtra avoir perçu 20 000 euros après un premier voyage en décembre, entre la République dominicaine et Saint-Tropez. Tout en maintenant qu'il ignorait, à l'instar d'Alain Castany, ce que recelaient véritablement les valises qu'il devait escorter : « Je n'ai pas vu ce qu'il y avait dedans. » Il avance la thèse d'un transport d'or.

Dès le 12 septembre 2012, Colin et Pisapia ouvrent des comptes bancaires dans une agence de la Société générale, au pied d'un gratte-ciel du quartier d'affaires Paris-La Défense, à Puteaux (Hauts-de-Seine). Frank Colin endosse un costume de businessman et présente

Nicolas Pisapia comme un « associé en Russie ». Des espèces seront déposées, et un coffre loué quelques semaines plus tard. « Quand M. Colin était là, c'est vrai qu'on discutait peu avec M. Pisapia », se rappelle l'ancienne responsable de l'agence La Défense-Pyramide.

Frank Colin boucle son casting avec l'enrôlement d'un ami douanier basé pas très loin de l'aéroport du Golfe de Saint-Tropez. Quand les valises seront sorties de l'avion, sa présence devra « rassurer tout le monde ». En poste dans la rade de Toulon, où les activités civiles cohabitent avec celles du premier port militaire d'Europe, ce fonctionnaire très bien noté par sa hiérarchie est alors chargé du dédouanement de « tout ce que l'armée envoie en ravitaillement sur les théâtres d'opérations ». En tout cas, « le contrôle aux frontières n'entrait pas dans le cadre de ses fonctions », précise un ancien directeur de la douane. Peu importe, à l'automne 2012, François-Xavier Manchet prend l'habitude de se rendre dans le petit aéroport tropézien pour y boire un café et sympathiser avec le personnel. « Il a dit qu'il était en mission et qu'il aimait bien les avions. »

Et voilà comment un douanier méritant et sans histoires s'est laissé embarquer dans une aventure qui lui vaudra d'être définitivement banni de la fonction publique. « Il est altruiste, prêt à rendre service parfois au-delà de ce qu'il devrait », dit son beau-frère. « Je n'étais pas séduit par le bling-bling, mais Xavier [son diminutif], qui aimait les belles voitures, a pu l'être. » De ce point de vue, François-Xavier Manchet aurait été complètement subjugué par les signes extérieurs de richesse de son ami Frank Colin. « François-Xavier était émerveillé par tout le clinquant qu'il mettait en avant», relève une amie d'enfance. «Les paillettes, c'était sa vision de la réussite», appuie un collègue de travail. «Frank Colin, c'était du rêve pour moi. [...] C'est con à dire, ça fait groupie, mais c'est la vérité», confirme le douanier avec un air faussement candide. Son supérieur hiérarchique va dans le même sens : «Sur son fond d'écran, on voyait Colin avec une Lamborghini orange. Pour lui, il avait réussi, nous pas.»

La distribution des rôles est achevée. Rayan, le commanditaire, s'appuie sur ses relations de l'autre côté de l'Atlantique. Frank Colin, l'organisateur, peut compter sur ses «copains», le passager Nicolas Pisapia et le douanier François-Xavier Manchet. De son côté, Alain Castany, l'intermédiaire, a trouvé dans son fameux carnet d'adresses l'actionnaire d'une société qui ambitionne de se développer avec des vols transatlantiques. Tout est fin prêt pour lancer l'opération. En Roumanie, Frank Colin se charge de réserver des chambres d'hôtel en République dominicaine par le biais d'une agence de voyages. «Tout se fait par mail et il envoie son chauffeur pour régler en espèces les sommes dues.» C'est le début d'Air Cocaïne.

2

Vol 1 : Puerto Plata

La compagnie aérienne SN-THS, basée à Bron, dans la métropole lyonnaise, opère le transport de Nicolas Pisapia vers la République dominicaine. Deux pilotes chevronnés, salariés de l'entreprise, sont mobilisés pour effectuer l'aller-retour au-dessus de l'Atlantique. L'avion décolle du Bourget le 5 décembre 2012 pour Puerto Plata, au nord de l'île. Le « passager VIP » devra y retrouver un émissaire jamais formellement identifié. « Maurice, la cinquantaine, petit, gros, dégarni, portant des lunettes de vue et parlant avec l'accent parisien, m'a dit qu'il s'occupait de tout », récite Pisapia. À Puerto Plata, lui et les pilotes séjournent à l'hôtel Be Live Collection Marien, au bord de la Playa Dorada.

Le 9 décembre 2012, les paparazzi et les hélicos se font rares, quand ils n'ont pas totalement disparu, sur la presqu'île varoise. Saint-Tropez est redevenu cet ancien village de pêcheurs de moins de 5 000 habitants, enclavé entre la mer Méditerranée et le massif des Maures. En s'enfonçant dans les terres, sur moins de 20 kilomètres, on rejoint le territoire de la commune de La Môle où se trouve l'aéroport du Golfe de Saint-Tropez. Longée par une route départementale (la RD 98), la piste de cet aérodrome n'est plus très fréquentée à cette période de l'année. Ce dimanche, un Falcon 50 doit atterrir à la mi-journée. Un petit événement. Des avions tels que celui-là, « il y en a dix ou quinze par an ».

Le douanier en tenue civile, désormais familier des lieux, est sur place depuis le début de la matinée. « Plus tard, Frank Colin arrive avec une autre personne qu'il me présente comme étant Rayan. On s'assoit pour boire un café. [Le directeur de l'aéroport] passe, il ressort ; je me lève et je le salue. Je lui présente Colin et Rayan, et il s'en va. L'avion arrive. Je suis en terrasse, je ne vois plus rien. M. Colin et M. Rayan s'en vont », relate François-Xavier Manchet. Rayan, veste en cuir, cheveux gominés et lunettes noires, est accompagné par un homme plus âgé, au crâne rasé, un « monsieur qui ne dit rien, grand, avec une cravate ». On n'apprendra pratiquement rien d'autre sur ce lieutenant surnommé « Marco ».

« Je croise sur la terrasse le douanier, qui a toujours eu une attitude amicale, confirme l'ancien directeur de l'aéroport. Il me dit : “J'accueille des amis, il y a beaucoup de bagages, est-ce que vous pouvez permettre aux véhicules d'accéder à l'avion ?” C'est un geste commercial que nous faisons régulièrement. » Le portail qui donne accès à la piste sera ouvert sans difficulté. « C'est le “vol du mois”, un avion assez gros qui venait de Santa Maria. C'était un vol important pour nous », selon les souvenirs du directeur.

Le Falcon 50, qui a effectivement marqué un arrêt technique sur l'île portugaise de Santa Maria, dans l'archipel des Açores, se pose sur la piste du petit aéroport international, entre midi et 14 heures, avec un jour d'avance sur son plan de vol. Un agent de piste et un pompier privé sont à leurs postes, prêts à accueillir l'aéronef, ses pilotes, son passager et une étrange cargaison. « C'est moi qui ai ouvert la soute avec le pompier pour dégager les valises. Il y en avait à l'entrée, énormes et très, très lourdes. Sur la deuxième, il s'est un peu raté en tombant en arrière, et j'ai rattrapé la valise », se remémore l'un des pilotes. De son côté, le pompier de l'aéroport décrit des « valises très abîmées, des anses et des roues cassées en piteux état ». Ces nombreuses « valises boueuses » sont chargées à bord d'un break Mercedes, avec un coffre arrimé sur le toit, et d'un monospace Ford arrivés directement sur le tarmac de l'aéroport du Golfe de Saint-Tropez. Après les formalités d'usage, les deux pilotes s'envolent pour l'aéroport de Lyon-Bron, où siège la compagnie SN-THS.

Au sol, le douanier Manchet embarque Frank Colin et Nicolas Pisapia dans son SUV, qui fait office de voiture ouvreuse sur les routes et les autoroutes du Var. Rayan et Marco conduisent les deux véhicules chargés avec les bagages de Puerto Plata. Le convoi file vers le centre, puis l'est du département. À 14 h 18, Frank Colin utilise sa carte bancaire pour régler le péage du Muy, sur l'autoroute A8, surplombé par le Rocher de Roquebrune-sur-Argens. Le site a acquis une certaine notoriété avec l'affaire Xavier Dupont de Ligonnès : l'auteur présumé de la « tuerie de Nantes » y a laissé ses dernières traces quelques mois auparavant, le 15 avril 2011.

La marchandise a vraisemblablement changé de main dans une station-service réservée aux poids lourds en transit. Elle est située à moins de 10 kilomètres du Formule 1 où Ligonnès a passé une nuit avant de se volatiliser. Les bagages disparaissent là, dans un no man's land entre vignes et autoroute. L'A8 fait la jonction entre l'Italie et l'« autoroute du Soleil » au carrefour des grands axes européens. Où sont passées les valises dominicaines ? Que l'on soit soupçonné d'avoir supprimé sa famille ou d'être la cheville ouvrière d'un trafic de stupéfiants, la zone semble idéale pour brouiller les pistes.

Après une nuit à La Farandole, un bel hôtel de Sanary-sur-Mer, tout à l'ouest du département, Frank Colin et Nicolas Pisapia sautent dans un TGV pour Paris. Les deux hommes d'affaires autoproclamés descendent au Majestic, un cinq-étoiles à deux pas de l'Arc de triomphe. L'organisateur de ce premier vol Air Cocaïne porte un sac rempli de billets que lui a remis le commanditaire. Au moins 300 000 euros, qui seront déposés à l'agence La Défense-Pyramide de la Société générale. Rayan s'est évaporé de son côté. Il lui faudra être patient avant de tenter un nouveau go fast par les airs. Dans la nuit du 13 au 14 décembre, des pluies diluviennes s'abattent sur la presqu'île de Saint-Tropez[22]. L'aéroport, situé au bord de la rivière la Môle, restera impraticable jusqu'en février 2013.

Ce dimanche 9 décembre 2012, on « préparait aussi le Noël de l'aérodrome, se souvient l'un des employés. On l'a fêté avec les familles dans l'après-midi. » La scène de l'arrivée du passager avec des valises encombrantes, réceptionnées par trois hommes pressés, qui plus est en présence d'un douanier ostensiblement passif, a-t-elle nourri les conversations autour du « vol du mois » ? Rayan et Frank Colin l'ignorent encore, mais un premier grain de sable s'est logé dans la mécanique du plan né de leur rencontre au VIP Room de Saint-Tropez.

3

Quito : premiers accrocs

À l'aéroport du Golfe de Saint-Tropez, les circonstances du transbordement des dix lourdes valises en piteux état dans des voitures qu'on a laissées approcher de l'avion, ont attiré l'attention. L'organisateur du vol, Frank Colin, et Rayan, le commanditaire, pensaient que leur plan était bien ficelé, mais un récit détaillé de la scène du 9 décembre 2012 parvient assez rapidement aux oreilles d'un service de renseignement. Cette agence, membre du «premier cercle» des services secrets, est chargée du contre-espionnage dans les sphères militaro-industrielles, un enjeu fort dans le département du Var, truffé de sites sensibles. La lutte contre les trafics de stupéfiants n'est pas franchement au cœur de ses missions habituelles, mais c'est bien la Direction de la protection et de la sécurité de la défense[23] (DPSD) qui est à l'origine du volet français de l'affaire Air Cocaïne.

Seuls trois témoins directs ont assisté à la scène : le pompier de l'aéroport, qui a aidé au déchargement des bagages en provenance de Puerto Plata, l'agent de piste et, du moins en partie, le directeur de l'aérodrome, qui a eu un échange cordial avec François-Xavier Manchet, le douanier proche de Colin. On ne sait pas si l'informateur, dont le «tuyau» est pris très au sérieux, est l'un d'entre eux ou s'il s'agit d'un tiers, qui aurait eu vent des faits.

Officiellement, le «renseignement anonyme» est partagé par la DSPD avec la gendarmerie moins d'un mois après l'atterrissage du vol suspect, le 7 janvier 2013. Par une note du procureur adjoint au tribunal de grande instance de Draguignan[24], la brigade de recherches de Gassin-Saint-Tropez est chargée d'une enquête préliminaire qui débute en toute discrétion. La «présence d'un douanier qui n'est pas sur sa zone de compétence mais qui use de sa qualité» éveille les soupçons, alors que les valises qui accompagnaient le passager ont été récupérées par des individus un peu louches. Effet contre-productif, finalement, du rôle assigné à François-Xavier Manchet, qui devait, comme on s'en souvient, «rassurer tout le monde».

L'agent des douanes qui a demandé que l'on ouvre le portail de service de l'aéroport a raconté au personnel que les valises contenaient les draps et les vêtements d'un déménagement. Avant de se sentir obligé de faire évoluer cette version. «Le pompier de l'aéroport a dit que c'était très lourd pour du linge, explique Manchet. J'ai appelé Frank Colin qui m'a dit qu'il y avait aussi des statuettes», tente-t-il alors de se dédouaner. «Le douanier m'a précisé que c'était un ami collectionneur qui ramenait des statuettes très fragiles pour sa villa de Saint-Tropez», corrobore le directeur de l'aéroport. De quoi justifier la taille et le poids des bagages, mais aussi le fait que le pompier aidant au déchargement ait été écarté après avoir manqué de faire tomber une valise, selon un détail parvenu à la DSPD. Le scénario servi par Manchet précise en outre que ces éléments de décoration proviennent du Portugal. Ce détail géographique n'a l'air de rien, mais il permet de transformer dans l'esprit de ses interlocuteurs l'escale des Açores en point de départ, alors que le jet a embarqué sa cargaison en République dominicaine, plaque tournante du trafic international de cocaïne.

« Il n'y a jamais eu de villa, d'habits ou de statuettes, finira par admettre Colin, préférant désormais présenter ce premier vol comme un coup d'essai. Les valises remplies de terre ont été vidées dans une forêt près du zoo de Bandol [sur la côte varoise], il n'y a pas eu 1 gramme de stupéfiant sur le sol français. » Une thèse qui ne convainc pas. « On sait que les envois test ne portent pas sur de telles quantités », oppose un enquêteur soulignant également le coût exorbitant d'une telle opération.

Dans le cadre des investigations qui viennent d'être lancées du côté de Saint-Tropez, le patron de l'aérodrome est rapidement interrogé par les gendarmes. Trop tard pour espérer récupérer des images de la vidéosurveillance de l'aéroport, car les enregistrements ne sont pas conservés très longtemps. Les enquêteurs apprennent cependant qu'un second vol opéré par la compagnie aérienne SN-THS est en préparation. « Le client m'a appelé pour me demander si l'aéroport rouvrait, et quand », indique le directeur de l'aérodrome, fermé à la suite d'inondations ravageuses en décembre 2012. « Les gendarmes m'ont alors demandé d'appeler les responsables des opérations aériennes de SN-THS pour dire que l'aéroport allait rouvrir. » C'est le pilote Bruno Odos qui est à l'autre bout du fil. Le directeur lui apprend que l'infrastructure sera de nouveau praticable à partir du 11 février 2013.

Dans le même temps, les militaires de la gendarmerie amorcent la préparation d'un dispositif de surveillance et d'interception avec le concours du peloton d'intervention de 2e génération[25] (PI2G) d'Orange (Vaucluse), une unité formée aux missions délicates et aux opérations coup de poing dans la région Provence-Alpes-Côte d'Azur et même au-delà. L'aéroport fait l'objet d'une reconnaissance dès le 7 février 2013, histoire pour les militaires d'être fin prêts quand l'avion d'affaires et son passager suspect seront annoncés. Et ce jour est censé approcher.

Le 28 février 2013, Nicolas Pisapia s'installe à nouveau dans le salon VIP du Falcon 50. L'avion immatriculé F-GXMC décolle de l'aéroport d'affaires du Bourget, en région parisienne. Direction Quito, en Amérique du Sud. La capitale de l'Équateur est desservie depuis peu par un aéroport international flambant neuf à 2400 mètres d'altitude sur les contreforts de la cordillère des Andes. Le nouvel aérodrome est moins dangereux que son prédécesseur, dont il reprend le nom : Mariscal Sucre, entouré d'immeubles et de volcans. Le voyage se fait avec une entorse aux règles sur les temps de vol sans repos. « On a continué parce qu'on n'était pas fatigués, parce qu'il faisait jour et qu'on verrait le relief à l'arrivée, et parce que la météo du lendemain était pourrie», justifie doctement l'un des deux membres de l'équipage.

Comme pour les vols précédents, on retrouve aux commandes de l'appareil les anciens pilotes de chasse, Bruno Odos et Pascal Fauret. Le passager a embarqué avec six valises prétendument remplies de vêtements destinés à une association humanitaire... «Pisapia reçoit pour instruction d'attendre un contact pour recevoir la même chose qu'à Puerto Plata», avance un enquêteur. Au palais de justice de Draguignan, à quelques kilomètres de Saint-Tropez, la procureure de la République ouvre une information judiciaire pour «importation, acquisition, détention et transport illicites de stupéfiants». Un juge d'instruction du tribunal est désigné le 2 mars, alors que l'avion s'apprête à quitter la capitale équatorienne.

Il est prévu que le Falcon 50 se pose à Saint-Tropez le 3 mars 2013. François-Xavier Manchet n'a pas manqué de passer à l'aéroport le 28 février. Manque de chance, des douaniers qui, eux, étaient en mission remarquent sa présence. «Le directeur de l'aéroport m'a entretenu de la présence d'un agent des douanes en civil. [Il a indiqué que] cet agent venait régulièrement pour discuter avec le personnel et les pilotes. Le directeur avait tout noté, notamment le vol du 9 décembre», rapporte l'un de ces douaniers. Ces agents sont alors allés au contact de leur collègue, qui n'avait rien à faire là. «Il est resté très évasif… » Ce jour-là, les pilotes d'un avion suisse ont écopé d'une amende de 2000 euros pour avoir omis de déposer le préavis réglementaire d'au moins vingt-quatre heures signalant leur arrivée.

De toute façon, à l'aéroport de Quito, le programme du retour est contrarié. « On a fait un faux départ. Pendant la mise en route, le passager a demandé à partir le lendemain », relate le pilote Pascal Fauret sans plus d'explications. Nouvel imprévu le jour suivant : « Bruno Odos s'occupe des formalités et moi je fume une cigarette – c'est mon travers –, on attend Pisapia. Il revient et nous dit : "J'ai été mis dans un bureau, questionné et pris en photo". » Pas de quoi s'inquiéter outre mesure, estime le pilote, qui signalera néanmoins cet incident du 3 mars 2013 en interne. « Je n'ai pas fait le lien avec un trafic de stupéfiants, d'autant qu'on n'a pas de chargement. Je pensais à des vols barbouzes. »

Dans la foulée de ce contrôle de police, ou de douane, l'avion s'éloigne enfin de la plus longue chaîne montagneuse au monde, sans surplus de bagages. Selon le passager du Falcon 50, le contact de Rayan – Maurice –, qu'il avait déjà rencontré à Puerto Plata en décembre, ne se serait pas manifesté. Nicolas Pisapia aurait ainsi passé cinq nuits au Mercure Hôtel Alameda de Quito (réglées depuis la Roumanie par Frank Colin) pour rien, soi-disant pour remettre les bagages « humanitaires » qu'il avait amenés avec lui. L'hypothèse selon laquelle ces sacs auraient contenu de l'argent pour payer des fournisseurs n'a pu être étayée. Toujours est-il que le Falcon 50 fait escale aux Antilles, où l'attend le broker des vols. « Alain Castany, à Saint-Martin, nous a dit que la destination avait changé ; il n'en a pas donné la raison », stipule Pascal Fauret. Dès lors, il n'est plus question d'atterrir à Saint-Tropez mais de revenir au point de départ. Au Bourget, des enquêteurs de la section de recherches de la gendarmerie des transports aériens de Roissy constatent, en toute discrétion, qu'aucun sac suspect n'a été ramené sur le territoire national. À cette occasion, Alain Castany est identifié et intègre la liste des suspects.

« Pensez-vous que si l'avion en provenance de Quito n'avait pas été vide, il serait allé à Saint-Tropez ? », questionne un magistrat. « Oui, c'étaient les prévisions, répond un enquêteur. Si l'avion ne vient pas à La Môle, c'est parce qu'il est vide. »

Partie remise. Le passager désargenté qui voyage en jet à la demande de Frank Colin reprend du service dès le 16 mars 2013, pour le troisième et dernier voyage de l'affaire pas encore baptisée « Air Cocaïne ». Contrairement aux deux précédentes rotations, Nicolas Pisapia n'embarque pas dans le Falcon 50 au Bourget mais emprunte un avion de ligne régulière au départ de Bucarest à destination de la République dominicaine. L'enquête ne dit pas s'il ramenait des vêtements pour les bonnes œuvres, mais il a glissé dans son sac de voyage un téléphone portable dédié à ce déplacement, avec les numéros préenregistrés de Colin et de Rayan.

En parallèle, le Falcon 50 quitte Le Bourget le 17 mars. Et Pisapia accueille les pilotes Pascal Fauret et Bruno Odos, flanqués du broker Alain Castany, à l'aéroport de Punta Cana. Les quatre Français sautent dans un taxi pour le Marina Sands Luxury Beach Resort, un hôtel tout compris dans le secteur de Cap Cana, au sud de la station balnéaire. Ils profiteront d'un court séjour « à l'intérieur et à l'extérieur de l'hôtel[26] ».

De leur côté, Frank Colin et Rayan sont de retour sur la Côte d'Azur, qui ne bénéficie pas encore, en cette toute fin d'hiver, des températures comparables à celles de la Costa del Coco. Ils s'apprêtent à répéter la juteuse opération, à première vue infaillible, du 9 décembre 2012. Le douanier Manchet s'est occupé de réserver des chambres pour trois nuits, du 17 au 20 mars, à La Farandole, le bel hôtel de Sanary-sur-Mer. Le fonctionnaire connaît bien le directeur de l'établissement, dont les chambres confortables avaient déjà séduit Colin et Rayan trois mois auparavant.

François-Xavier Manchet n'oublie pas non plus de faire un saut à l'aéroport du Golfe de Saint-Tropez le 18 mars, pour annoncer l'arrivée prochaine de ses « amis ». Bien sûr, le fonctionnaire demande que le portail de service soit ouvert de la même manière qu'il l'avait été lors du précédent atterrissage du Falcon 50. Des véhicules pourront ainsi facilement récupérer les valises. Les gendarmes de Saint-Tropez se préparent eux aussi à « accueillir » l'avion et tout ce qu'il serait susceptible de transporter. La brigade de recherches est potentiellement sur le point d'accrocher à son palmarès la saisie du siècle dans le département du Var. En tenant compte des temps de vols, d'une escale « carburant » aux Açores et des fuseaux horaires, le Falcon 50 devrait se montrer dans le ciel de la Côte d'Azur à la fin de la journée du mercredi 20 mars.

C'était compter sans l'opération de la Direction nationale du contrôle des drogues (DNCD) en République dominicaine.

4

Coup de filet à Punta Cana

Les fruits vendus à Punta Cana sont gorgés de soleil comme ceux qui garnissent en été les marchés de la région de Saint-Tropez, distante de plus de 7000 kilomètres. À première vue, la station balnéaire caribéenne coche toutes les cases du paradis sur terre. Des plages de sable blanc interminables, des cocotiers avachis par le vent, une mer tiède et des bars à cocktails posés directement dans les immenses piscines des *all-inclusive resorts*. C'est ce que viennent chercher les vacanciers nord-américains et européens déversés en masse par l'aéroport international. Mais la destination, aux paysages hautement « instagrammables », est aussi affublée d'une réputation moins reluisante. « Entre 50 et 60 % de la cocaïne saisie en France transiteraient par la République dominicaine[27] », estime un service spécialisé rattaché à la Direction centrale de la police judiciaire tenant compte de la place des Antilles et de la Guyane françaises dans le trafic international.

À la sortie de l'aéroport de Punta Cana, il est inutile de chercher un taxi tel qu'on s'en fait l'idée, c'est-à-dire équipé d'un compteur. Il faut se fier au large sourire de l'un de ces chauffeurs qui abordent les arrivants, avec leurs véhicules stationnés derrière eux sur le parking. L'état de la voiture est un critère de choix, recommandé pour distinguer les conducteurs officiels des individus malintentionnés. Une trentaine de dollars américains permettent de rallier un complexe hôtelier de la Costa del Coco. Et, au passage, de découvrir des conditions de circulation exotiques au rythme des tubes locaux délivrés par un autoradio. Les bus scolaires sont jaunes comme aux États-Unis, mais la couleur des feux aux intersections semble laissée à la libre appréciation des usagers de la route. Si l'on s'éloigne de l'une des dizaines de forteresses touristiques jalonnant la bande littorale, les dollars et les euros sont inutiles : il faut penser à emporter des pesos dominicains. De quoi prélever une mangue et des bananes dans une échoppe improbable en retrait du rivage…

Derrière cette vie colorée, une autre réalité se dessine. L'État insulaire est gangréné par de puissants réseaux de narcotrafiquants. Le niveau de vie local ne fait pas le poids face aux moyens de ces mafias, qui ont fait de ce pays un hub, une plaque tournante du commerce international de la cocaïne produite en Amérique du Sud. « La République dominicaine est idéalement située entre les pays producteurs et les pays destinataires de la cocaïne », décrit un expert cité par *France-Antilles*. La valeur du kilo de drogue qui transite par là serait multipliée par 20 ou par 30 une fois sur le sol européen. De quoi dégager des moyens considérables pour s'enrichir. Et financer la logistique des plans de convoyage les plus ambitieux, tel que celui de l'affaire Air Cocaïne.

À l'époque des vols Air Cocaïne, les forces anti-drogue dominicaines enquêtent depuis des mois sur les conditions dans lesquelles des paquets de stupéfiants sont expédiés en toute impunité vers le Vieux Continent. «En janvier 2012, nos partenaires européens ont commencé à nous signaler l'arrivée de quantités inhabituelles de drogue *via* nos aéroports, essentiellement celui de Punta Cana[28].» Le général Rolando Rosado Mateo, alors patron de la DNCD, prend les choses en main. «Les pays concernés étaient essentiellement la Belgique, la France, l'Allemagne et l'Espagne», énumère-t-il. Des passagers de lignes régulières convoyaient de la cocaïne par kilos. «Dix, vingt et, à partir du printemps 2012, jusqu'à cinquante kilos par voyageur», affirme l'officier supérieur. «Ils n'ont pas transporté la drogue comme les mules le font habituellement : dans l'estomac, dans le vagin ou dans l'anus ; ils la transportaient dans leurs bagages.»

La DNCD procède alors au renouvellement de différents responsables à l'aéroport de Punta Cana. «Malgré ces changements, effectués en mai et en juin, nous avons continué à recevoir des informations sur des arrivages de stupéfiants [en Europe]. Le nouveau commandement que j'avais mis en place ne remplissait donc pas son rôle. En juillet, la drogue continuait de passer par l'aéroport de Punta Cana et cela portait évidemment préjudice à l'image touristique de notre pays.» Le général Rosado Mateo évoque alors une réunion convoquée en août 2012 avec les représentants des polices européennes à

Saint-Domingue, mais aussi et surtout avec la Drug Enforcement Administration (DEA), l'agence fédérale anti-stups des États-Unis. «Nous avons conçu une stratégie visant à identifier les structures qui nous rendaient inopérants en matière de lutte contre les trafics internationaux. Et l'un des axes fondamentaux de cette stratégie consistait à infiltrer les réseaux qui étaient à l'œuvre.»

Une méthode déjà éprouvée en République dominicaine, comme aux États-Unis, et régulièrement à l'origine de controverses, voire de dérapages, en France. Cette opération d'infiltration est dirigée par le général Rosado Mateo en personne. La justice nomme un procureur spécial, Carlos Castillo, pour que cette mission délicate soit juridiquement encadrée. Ce magistrat et le chef de la DNCD chargent le colonel Ovalle Concepción de constituer une «équipe de confiance», qui devra se mêler aux agents véreux. Cinq *infiltrados* sont ainsi successivement affectés à l'aéroport de Punta Cana. «L'un est arrivé le 1er septembre, un autre le 10 septembre, un autre enfin le 15... Nous les avons affectés progressivement pour ne pas éveiller les soupçons.» Avec le même souci de discrétion, une base arrière officieuse est installée à l'écart des locaux de la DNCD, dans une propriété réquisitionnée.

Un vaste réseau de militaires et d'agents corrompus, chapeauté par deux officiers qui s'occupent de faire ruisseler l'argent, est mis au jour en quelques semaines. Ici, des douaniers ferment les yeux sur les bagages de tel ou tel voyageur; là, l'attention d'une équipe cynophile est opportunément détournée, quitte à tirer sur la laisse d'un chien spécialisé dans la détection de stups pour calmer ses ardeurs. « Cette structure s'était emparée de l'aéroport », s'étrangle Rolando Rosado Mateo. Selon les modes opératoires décrits dans l'enquête dominicaine, les organisations criminelles n'ont alors qu'à mettre le prix pour faire passer leurs mules, voire faire embarquer directement des valises de cocaïne dans les soutes d'avions de ligne. À coups de pot-de-vin, de l'ordre de quelques dizaines de milliers d'euros par vague d'exportations, les narcotrafiquants transforment l'aéroport de Punta Cana en passoire.

Et, à la fin de l'année 2012, l'appétit des narcos monte encore d'un cran. Un Dominicain surnommé « El Flaco » fait une demande inhabituelle auprès de la « structure » qui monnaye la circulation des marchandises illicites dans les zones réglementées de l'aéroport. « Il ne s'agissait plus de passagers avec des bagages à main, ni de fret *via* les entrepôts douaniers, mais d'un avion qui, selon nos informations, avait déjà fait un transport depuis Puerto Plata, relate le patron de la DNCD au fait du volet français de l'affaire, qui s'appuie sur le premier vol en décembre 2012. Et ça avait bien fonctionné. »

El Flaco est originaire de Santiago de los Caballeros, une grande ville dans le nord du pays, moins éloignée de Puerto Plata que de Punta Cana, tout à l'est. Ce quadragénaire ne porte pas de Rolex mais un bracelet noir avec une boucle en argent et une chaîne du même métal autour du cou. Il habite dans un quartier où les habitations bricolées avec de la tôle ondulée et des planches de bois cohabitent avec des villas modernes, protégées par de hauts murs et des barbelés. La maison d'El Flaco n'est pas la plus tape-à-l'œil. Elle est peinte en rose et donne directement sur la rue avec des barreaux à chaque porte et à chaque fenêtre. Il se dit commerçant. Un rapport de police en fait un tout autre portrait. « El Flaco est un trafiquant de drogue qui contrôle diverses régions du pays et entretient des contacts à l'étranger », résume l'un des policiers infiltrés, placé sur un poste de commandement.

Selon le récit de cet agent double, « le capitaine Mercado Díaz [alors soupçonné d'être à la tête du réseau d'agents corrompus] a déclaré en notre présence qu'il avait l'habitude d'introduire des chargements de drogue à destination de Bruxelles. Il l'avait déjà fait avec certains de mes prédécesseurs et il m'a dit de ne pas m'inquiéter parce qu'El Flaco avait le contrôle sur les douaniers, les cargaisons et les caméras. » Un jour, El Flaco a versé 900 000 pesos dominicains (environ 15 000 euros) pour obtenir la mutation d'un agent qui refusait de se rendre complice. « Il n'y avait aucun mouvement de personnel dans les aéroports de Punta Cana, de Puerto Plata et Las Américas [à Saint-Domingue] dont ce monsieur n'avait connaissance, poursuit le général Rosado Mateo. El Flaco était en lien avec un Français du nom de “Maurice”, qui n'a malheureusement pas été interpellé. C'était son contact ici, en République dominicaine. » Maurice, le fameux narco « made in France » en cheville avec le commanditaire Rayan, échappera aux enquêteurs des deux pays.

Les agents infiltrés à l'aéroport de Punta Cana apprennent dès janvier 2013 qu'un avion va être prochainement utilisé comme go fast. Les Dominicains l'ignorent mais, côté français, le 21 janvier, l'un des pilotes adresse ce SMS à son employeur : « Vu ce midi avec Alain C. Le vol (déjà payé) attendra la réouverture de La Môle [l'aéroport du Golfe de Saint-Tropez], prévue vers le 15 février. Le conditionnement du chargement a été revu à une dimension plus pratique, son acheminement plus classique et une liste de passagers plus vacances. Nature du chargement confirmée, Provenance, m'en parler ! » Le projet se précise encore quand la compagnie lyonnaise SN-THS décroche une autorisation de vol, délivrée le 14 mars. Le même jour, deux officiers corrompus dominicains évoquent un projet d'exportation de plusieurs centaines de kilos de cocaïne à bord d'un jet, ont rapporté deux agents sous couverture. Cette réunion s'est déroulée au domicile d'un *infiltrado*[29]. L'avion est censé atterrir et décoller à moins de vingt-quatre heures d'intervalle.

Quand le Falcon 50 pointe son nez quelques jours plus tard, sur le tarmac de Punta Cana, tout est mis en œuvre pour empêcher son départ, annoncé et reporté « à quatre reprises dans la journée », selon le président de la DNCD. Un autre témoin dominicain explique que ces ajustements sont liés aux horaires d'accès à la zone réservée aux jets privés. Il fallait que l'avion s'y trouve pour faciliter le transbordement de la marchandise illicite. L'un des officiers corrompus, le bras droit du capitaine Mercado Díaz, parle d'un rendez-vous préalable dans un Wendy's, restaurant d'une chaîne de fast-food à deux pas de l'aéroport, où il aurait rencontré le passager, Nicolas Pisapia, et un autre *gringo* – Maurice, le contact de Rayan ? – arrivés à bord d'une « Toyota Corolla dorée ». Il affirme que la drogue a été acheminée à bord de deux

Jeep depuis un motel jusqu'à l'une des clôtures de l'aéroport, dans laquelle un passage a été forcé. Vingt-six valises remplies de cocaïne ont transité par cette ouverture. L'aéronef était opportunément stationné à quelques dizaines de mètres.

« J'étais seul dans l'avion, j'ai commencé la préparation matérielle dont je devais m'assurer, j'ai démarré le moteur auxiliaire pour l'électricité. » Pascal Fauret balaie toute velléité de départ précipité. « J'ai entendu beaucoup de bruit à l'extérieur. [...] C'étaient des gens – trois personnes – qui avaient ouvert la soute, qui étaient en train de jeter des valises que j'ai estimées à une quinzaine. J'ai essayé de communiquer mais je ne parlais pas espagnol et eux pas anglais. J'ai essayé de leur montrer comment faire en touchant et en rangeant une valise. » La soute à l'arrière de l'aéronef est rapidement saturée.

« Le Falcon 50 est aménagé en deux salons. [...] Quand je me suis retrouvé face au dilemme des valises, je les ai fait monter à l'arrière. Il y avait des gens en uniforme. Pour moi, ces bagages sont arrivés par les voies normales », ajoute Pascal Fauret, droit dans ses bottes. Du côté des forces de l'ordre, renseignées en temps réel par leurs *infiltrados*, « dès que nous savons que la drogue est chargée à bord de l'avion, nous donnons le top départ[30] ». Près d'une dizaine de véhicules d'intervention rapide de la DNCD convergent vers la zone VIP de l'aéroport.

Le clou de ce spectacle est assuré par un hélicoptère militaire qui a décollé de Juan Dolio. Il s'agit d'un OH-58A de fabrication américaine, authentique vestige de la guerre du Vietnam, à bord duquel le général Rosado Mateo, grand patron de la DNCD, a pris place. «L'armée de l'air nous avait également fourni deux Super Tucano [avions d'attaque légère de fabrication brésilienne] qui survolaient le secteur avec pour instruction de forcer les pilotes à atterrir sur le sol dominicain s'ils tentaient de décoller.» Des moyens plus importants que ce que les gendarmes de Saint-Tropez s'apprêtaient à mettre en place autour de l'aéroport varois…

Les responsables du coup de filet à Punta Cana ont aussi pris le soin de demander aux contrôleurs aériens de prétexter un cas d'urgence pour empêcher les avions de décoller. «À ce moment-là, il était 22 heures[31], et les pilotes étaient prêts à partir, les moteurs étaient allumés. [...] Ils semblaient nerveux et insistaient beaucoup pour s'en aller[32].» Le Falcon est pris d'assaut dans ce contexte. «Nous avons ouvert la porte de l'avion et la première chose que j'ai vue, c'est ce monsieur», poursuit le président de la DNCD en désignant l'homme aux cheveux blancs, Alain Castany. «Il ressemblait à un membre de l'équipage plus qu'à un passager de l'avion, car il était à l'avant de la cabine.» À l'arrière, dans le confortable salon du Falcon 50, Nicolas Pisapia est installé dans l'un des quatre fauteuils club. «Il était assis avec à sa droite une bouteille de vin et un verre.» C'est peut-être aussi cela, le narcotrafic à la française. Autour du passager enrôlé par Frank Colin, un tas de valises, dont l'une avait été cassée, laissant apparaître son contenu au vu et au su des pilotes, affirme le responsable de l'opération. «Le petit mensonge qui fait mal», fulmine Pascal Fauret.

Le film de l'interpellation des quatre occupants de l'avion, éblouis par les projecteurs et alignés au pied du Falcon 50, a fait le tour des médias, mais a aussi servi l'accusation lors du procès de Saint-Domingue. Dans cette vidéo, chacun décline son identité. Alain Castany, courtier en voyages d'affaires, porte une veste à galons. «Il a eu un moment de panique et a cru bon de se faire passer pour un pilote. Il n'en avait ni le statut ni les qualifications», se désolidarisent les «vrais» pilotes. Et le commandant de bord d'appuyer : «Pour moi, il était présent comme représentant commercial, c'était un supplément d'équipage mais je n'avais pas besoin de lui. Je l'ai mis dans la case fourre-tout : observateur.» Sur un document de vol fourni par Alain Castany, celui-ci est pourtant bel et bien mentionné comme *«first officer»* (copilote), au même titre que Bruno Odos.

«Une partie considérable de la drogue était imprégnée de café, une manœuvre habituelle utilisée par les trafiquants pour tromper les chiens [spécialisés dans la détection de stupéfiants][33] », complète le général Rosado Mateo. En plus des quatre Français appréhendés sur place, des dizaines d'agents dominicains seront mis en cause. Vingt-neuf d'entre eux étaient déjà visés par des mandats d'arrêt délivrés dès le 11 mars 2013, soit une semaine avant l'arrivée de Nicolas Pisapia, Alain Castany, Pascal Fauret et Bruno Odos. Une vingtaine d'autres suivront dans les jours et les semaines après l'arraisonnement du Falcon 50.

5

La prison et l'évasion

En République dominicaine, les quatre Français arrêtés à bord du Falcon 50 sont incarcérés sans ménagement. « Tous ces gens en uniforme, ils sont tous corrompus. On le savait un peu… Cette opération-là, c'était à la gloire de ce général [président de la DNCD]. Ah ! il a bien compté mes affaires, il a bien compté tout ça, les ordinateurs, mes cartes bleues avec 10 000 euros de retrait qui se sont retrouvées dans des magasins de Saint-Domingue… », pointe avec un profond ressentiment Bruno Odos. « C'est minable, c'est une mascarade… », grince de son côté Pascal Fauret. Les pilotes et les passagers sont enfermés à l'issue du flagrant délit de Punta Cana. D'abord dans des geôles à Saint-Domingue. « Après avoir réfréné mon envie de sauter à la gorge de Nicolas Pisapia, je lui ai posé quelques questions. Je lui ai demandé ce qu'il y avait dans les valises, Castany a répondu qu'il y avait de l'or et des valeurs, se souvient Pascal Fauret. Les quinze jours de cachot, ça ressemble au film *Midnight Express*[34] », dépeint-il, traumatisé par ce choc carcéral.

C'est le début d'un parcours du combattant en République dominicaine. Dans les premiers temps, Pascal Fauret s'accroche à une histoire de pilotes américains confrontés à une situation similaire. «Il y a eu quinze jours de prison et quatre mois de liberté conditionnelle avant un non-lieu. Pour nous, cette solution a été enterrée avec l'enlisement de l'affaire. Ça nous a pris par surprise…» Eux sont finalement placés dans un quartier de haute sécurité de la prison d'Anamuya à Higüey, dans les environs de Punta Cana, pendant quinze mois. «Il faut apprendre à ne plus espérer pour ne plus être déçu, souligne Bruno Odos après une succession de faux espoirs. Tous les jours se ressemblent, c'est un rythme morbide : la météo, les jours qui durent douze heures, la nourriture identique… On a du mal à avoir des marqueurs. On est dans un endroit où on est avili. Il y avait des moments hyper durs, j'ai passé des journées sans sortir de ma cellule, assis sur une bouteille d'eau.»

«L'enfermement à cinq ou six dans 10 mètres carrés, c'est difficilement descriptible…» Les pilotes relatent l'enfer de la prison. Les violences qui opposent des gangs munis d'armes de fortune : «Au début, on nous alertait en nous conseillant de rester dans nos cellules, on a fini par être capables de repérer les signes avant-coureurs par nous-mêmes...» Pascal Fauret, addict au tabac, raconte aussi la difficulté de se procurer une cigarette, «une fois par semaine, le dimanche après-midi». Et plus globalement, les stratégies à mettre en place pour obtenir quelque chose, comme une simple chaise par exemple. «Il y a un téléphone qui circule en prison, je lui parle deux ou trois fois par semaine. Lui et Bruno sont vraiment affaiblis psychologiquement. Quand je l'ai au téléphone, il y a un bruit de fond infernal, des gens qui crient, souligne l'épouse de Pascal Fauret. Ce qui m'a aussi fait très mal, c'est d'entendre mon mari pleurer au téléphone[35]. » Les rixes, les hurlements, les haut-parleurs diffusant des incantations religieuses... le séjour dans la prison de Higüey est vécu comme une séance prolongée de « torture mentale[36] ». « On est gagné par une sorte d'apathie ; au bout de quinze mois, c'est une ruine totale. »

Le passager Nicolas Pisapia ne dit pas autre chose. « C'est un milieu terrible à vivre. Les gens à l'intérieur ne sont pas tous des anges, il y a de la violence. Ce n'est pas possible d'y vivre, tu ne fais qu'essayer de survivre. Tu débranches tout ce qui est cérébral, tu ne penses plus à rien, tu fais des pompes et le soir tu es fatigué. Si tu réfléchis, tu es foutu[37]. » Les autres prisonniers l'ont affublé d'un surnom tiré d'une série télévisée à succès en Amérique latine : *El Señor de los Cielos* (« le Seigneur des cieux ») – ou l'histoire d'un puissant baron de la drogue disposant d'une flotte aérienne… « On m'a enfoncé dans un trou sans me laisser la possibilité de me défendre. » Autour d'un déjeuner partagé dans le décor idyllique d'une plage de Punta Cana, ce père d'un petit garçon continue de clamer son innocence. Le Français maintient la version d'un voyage effectué à des fins de recherche d'investisseurs dans l'immobilier. Sa compagne l'a quitté alors qu'il était incarcéré, ses parents installés dans le sud de la France lui apportent un soutien inconditionnel.

« Je n'ai jamais touché à la drogue, je suis innocent, la vérité triomphera. »

Nicolas Pisapia, Alain Castany, Bruno Odos et Pascal Fauret sont relâchés à la faveur d'un placement sous contrôle judiciaire en juin 2014, avec remise des passeports aux autorités et pointages réguliers, en attendant la tenue d'un procès à Saint-Domingue, la capitale dominicaine. « On n'a rien, on est comme des sans-papiers assignés à résidence. Ici, je me sens vulnérable. Pour des gens comme nous, habitués à mener notre existence, à avoir des projets... On est devenus spectateurs de nos vies[38] », confie Bruno Odos quelques jours après être sorti de prison. Les deux pilotes échouent pour une dizaine de jours dans un pâté de maisons branlantes. La favela est peuplée de chiens affamés, errant jusqu'aux dernières heures de la nuit dans un quartier sans autre éclairage que le clair de lune. Derrière des braseros, des autochtones jouent de la machette pour mettre en pièces des morceaux de volaille. Sur des terrasses improvisées, on partage avec les *pilotos* un plat de *pica pollo*, des ailes et des pilons de poulets frits, typiques de la cuisine de rue locale. Le décor tranche avec l'opulence du complexe touristique de Punta Cana où, pendant que les Français étaient incarcérés, la pop-star Rihanna, native de l'île antillaise de la Barbade, se produisait en concert au Hard Rock Hotel & Casino. Elle aussi garde un mauvais souvenir de la République dominicaine : « Je viens juste de fuir de ma chambre à cause d'une chauve-souris, d'une sauterelle et d'un cafard de la taille d'une chauve-souris[39]. »

Après le traumatisme de la prison, les protagonistes reprennent du poil de la bête. Leur procès se tiendra dans quelques mois. Les pilotes retrouvent un semblant d'anonymat et la torpeur de Punta Cana, installés dans un appartement en marge de l'émulation touristique mais pas trop loin des hôtels qui reçoivent leurs visiteurs. « Je me lève tôt, je consulte ma boîte mail, je prends un café et je travaille sur notre défense, pose Bruno Odos. L'après-midi, j'essaie d'aller marcher pour retrouver une forme physique que je n'ai plus. »

Attablés à la terrasse d'un établissement de plage, sous des palmes de cocotiers transpercés par la lumière du soleil, les pilotes scrutent un horizon à peine troublé par les va-et-vient des bateaux et des touristes accrochés à des parachutes ascensionnels. On se dit que les anciens pilotes de chasse n'auraient qu'à sauter dans un go fast des mers pour s'éloigner de leur prison à ciel ouvert. « Pour nous, il n'y a qu'une porte de sortie, c'est de bénéficier d'un non-lieu », tranche Bruno Odos, devenu expert malgré lui dans la découpe de citrons. Ses ti-punchs sont bien mieux dosés que ceux servis dans la piscine d'un hôtel tout compris. À la veille du procès de Saint-Domingue, les pilotes sont prêts à en découdre. « On sera aussi incisifs que l'accusation[40]. »

Le 14 août 2015, le verdict tombe. Pascal Fauret, Bruno Odos, Alain Castany et Nicolas Pisapia sont condamnés à 20 ans de prison pour « association de malfaiteurs » et « trafic international de stupéfiants ». Le capitaine Mercado Díaz, en haut de la pyramide des agents corrompus de l'aéroport international de Punta Cana, écope de 10 années d'emprisonnement ; 8 ans sont infligés à El Flaco, l'homme en lien avec Maurice, le contact de Rayan. Quant au lieutenant de Mercado Díaz, qui a livré un témoignage accablant les pilotes français, il s'en tire avec une peine mixte : 5 ans, dont la moitié avec un sursis probatoire.

La sentence infligée aux Français n'est pas appliquée immédiatement parce qu'elle est susceptible de faire l'objet d'un appel. Une faveur qui serait impensable en France, compte tenu du nombre d'années d'emprisonnement en jeu. Les soutiens et la défense des pilotes crient néanmoins à une « injustice crasse ». Les vétérans de l'armée française qui espéraient sortir la tête haute du tribunal de Saint-Domingue se résolvent à fuir l'île caribéenne. « On s'est battus jusqu'au bout dans ce pays, considère l'épouse de Bruno Odos. On est montés au ministère des Affaires étrangères, ils nous ont dit qu'ils ne pouvaient rien faire, qu'il fallait faire appel. À partir de ce moment-là, comme des gens nous avaient proposé de les faire revenir, on a dit oui. » Vingt ans de prison pour les quinquagénaires ? « C'était la mort assurée en République dominicaine », justifie Sabine Fauret.

Christophe Naudin, ami des pilotes et expert en sûreté aéronautique, prend la tête d'une opération rocambolesque visant à exfiltrer les pilotes. Ce rebondissement a largement été documenté à l'écrit[41] comme à l'écran[42]. Un bateau pour les Antilles françaises, un avion pour la métropole. Aux yeux de la République dominicaine, Pascal Fauret et Bruno Odos deviennent définitivement des narcos français. Ils défendront désormais leur honneur devant la justice de leur pays.

6

Les pilotes savaient-ils ?

« À ton avis, les pilotes, ils savaient ou pas ? » Des années après que l'affaire Air Cocaïne a éclaté au grand jour, la question continue inlassablement de planer au-dessus de l'équipage de l'avion transformé en go fast transatlantique. À chaque diffusion d'un documentaire sur le sujet, elle revient aux oreilles comme un tube de Rihanna à la radio à l'époque des faits : *« We're beautiful like diamonds in the sky*[43] *... »* Les deux pilotes sont entrés dans la lumière avec les images de leur interpellation sur le tarmac de l'aéroport international de Punta Cana en République dominicaine. « On est sous le feu des projecteurs mais nous ne sommes qu'une partie connexe, sans vision ni relation avec toutes les extensions de cette affaire », se désole l'un d'eux alors que le ciel s'est abattu sur leurs têtes.

« Ces deux hommes sont tout sauf des trafiquants. [...] Ils ne sont pas n'importe qui, ils s'appellent Bruno Odos et Pascal Fauret, et ce sont d'anciens marins ou aviateurs qui appartenaient, avant de prendre leur retraite militaire, à la famille très restreinte des pilotes de la Marine nationale[44] », s'indigne Christophe Naudin, criminologue, expert en sûreté aérienne et membre de la communauté des aviateurs. Lui est convaincu de l'innocence des pilotes au point d'avoir organisé leur rocambolesque exfiltration quand les deux Français étaient assignés à résidence en République dominicaine. Depuis le départ, la ligne de défense de Pascal Fauret et de Bruno Odos n'a pas varié d'un iota : dans l'aviation commerciale, qu'il s'agisse de vols réguliers ou taillés sur mesure, de voyages touristiques ou d'affaires, le contrôle des bagages transitant par les aéroports n'incombe pas aux personnels des compagnies aériennes mais aux autorités, conformément aux conventions internationales. « Les pilotes n'ont pas de pouvoir de douane ou de police qui les autoriserait à vérifier le contenu des bagages de leurs passagers[45]. »

Alors, que pouvaient-ils savoir de ce qui était transporté ? « Ils avaient le droit, voire le devoir, de se poser des questions », estime l'accusation lorsque le duo de pilotes a comparu devant une cour d'assises spéciale à Aix-en-Provence. Les décisions de justice sont définitives. Dans l'État caribéen, les pilotes ont été condamnés pour le flagrant délit de Punta Cana. En France, les débats ont porté sur d'autres aspects de l'affaire, tels que le premier vol entre Puerto Plata et Saint-Tropez, en décembre 2012, mais aussi les conditions dans lesquelles la société d'aviation d'affaires lyonnaise SN-THS a accepté d'opérer les rotations transatlantiques.

Ce double épilogue judiciaire n'est pas sans entretenir une certaine forme d'ambiguïté sur le degré d'implication des pilotes, puisque le curseur n'a pas été placé au même endroit dans les deux pays. Il est à l'image des antagonismes qui ont traversé les milieux de l'aviation civile, voire au-delà, à la suite de l'arrestation de Bruno Odos et de Pascal Fauret au pied d'un Falcon 50 rempli de valises pleines de cocaïne.

« Il y a deux possibilités : ou ils sont neuneus, ou ils sont dans le coup », tacle un ancien collègue aviateur, moins sentencieux quand il a fallu réitérer ce qu'il qualifie d'« appréciation personnelle » à la barre de la cour d'assises. D'emblée, sur les réseaux sociaux, on a assisté à une guerre de tranchées : des internautes prennent fait et cause pour les pilotes quand d'autres les vouent aux gémonies. Tout ce petit monde, anonyme et pétri de certitudes, s'écharpe dans les limbes du web à coups de phrase assassine. « On a tellement souffert de ce qui a pu être dit sans étayage[46] », commente Pascal Fauret, alors que lui et son compagnon d'infortune étaient encore aux prises avec la justice dominicaine. « On est sûrs d'avoir bien fait notre travail, uniquement notre travail[47]. »

Portés par un comité de soutien hyperactif – jusqu'à 1 500 adhérents –, Pascal Fauret et Bruno Odos sont rapidement devenus les inséparables têtes d'affiche de l'une des plus retentissantes histoires de stupéfiants. Les quantités de drogue, le mode opératoire, les profils des acteurs, les décors sur la Côte d'Azur et sur la Costa del Coco, les rebondissements, les pistes mystérieuses… tous les ingrédients sont là pour susciter l'intérêt. Les deux pères de famille, qui ont goûté au « supplice[48] » de la détention provisoire de part et d'autre de l'Atlantique, en resteront marqués au fer rouge. « Vous partez faire le plus beau métier du monde et deux jours après vous n'êtes plus rien.» Tout ce que les deux hommes ont construit a été submergé par un tsunami médiatique et judiciaire d'une ampleur rare. «On n'avait jamais été mis en cause dans quoi que ce soit. Se retrouver accusés comme ça, c'est un cauchemar.» L'affaire Air Cocaïne colle désormais à la peau des deux hommes comme le sparadrap s'accroche au doigt du capitaine Haddock.

Les détracteurs des pilotes soutiennent que Bruno Odos et Pascal Fauret ont manqué de vigilance en acceptant de transporter un «type en jean et en T-shirt» avec beaucoup, beaucoup trop de bagages à rapatrier pour un passager quelconque. Dix valises sur le vol de Puerto Plata, vingt-six à Punta Cana. «Si j'avais été dans cette situation, j'aurais demandé au passager si les valises lui appartenaient. Et en cas d'imprécision, j'aurais annulé le vol. Parce qu'autant de bagages pour un seul passager, c'est choquant», pérore un retraité de l'aviation d'affaires. «Moi, je me serais tournée vers la société d'assistance aéroportuaire pour savoir si tout était OK avec ces valises», enfonce une ancienne pilote de ligne. «Il y a trop de faisceaux pour ne pas se poser de questions. [...] En plus, la République dominicaine est une plaque tournante», accable un autre. N'en jetez plus !

«Le commandant de bord, ou par délégation son copilote, doit s'assurer qu'il n'y a pas de problème de sécurité d'abord, et de licéité ensuite», pose une experte en aéronautique. Mais il lui est «impossible de bloquer le vol pour vérifier les bagages. [...] Son souci, c'est la sécurité. Et là, ce n'était pas le problème». Et de nuancer encore : «Je ne peux pas dire que les pilotes auraient dû alerter sur le chargement, je dis qu'ils auraient pu le faire. » De leur côté, les pilotes rejettent les fautes sur les services chargés de la manutention des bagages, censés avoir passé le filtre des contrôles aéroportuaires. « Dans leur esprit, le chargement n'était pas suspicieux », fait valoir un avocat.

Parmi les éléments ambivalents, sinon à charge, la justice a pointé des recherches pour le moins troublantes effectuées par Pascal Fauret sur Internet. « Justice en Équateur », « Trafic de drogue en Équateur », « Un pilote en prison », tapotait-il deux jours avant de s'envoler pour Quito. « Quand j'ai appris la destination, que je ne connaissais pas, on m'a dépeint un tableau noir. Alors j'ai regardé avec mon ordi », justifie Pascal Fauret. « Je lui ai dit que c'était un pays où je n'enverrais pas mon avion », se souvient vaguement son interlocuteur, qui dément avoir songé à des histoires de stupéfiants. Un SMS sur la construction d'une piscine à l'époque des faits a également été sorti de son contexte (le devis avait été signé bien avant le début de l'affaire).

Il y a aussi ce propos alambiqué de Bruno Odos après le flagrant délit de Punta Cana. « Je suis conscient que j'ai raté quelques barrières que je m'étais fixées au début de ma carrière », a déclaré le pilote lorsqu'une juge d'instruction française et sa greffière ont fait le déplacement outre-Atlantique. « Quand les valises ont été ouvertes, je suis tombé de quatre étages », a-t-il cependant affirmé dans le même temps. Les débats, couverts par un secret inviolable, ont dû être âpres dans la salle des délibérés de la cour d'assises qui a acquitté au bénéfice du doute Pascal Fauret et Bruno Odos.

« J'ai l'impression que les pilotes se sont fait bananer… », lâche Frank Colin, qui n'a plus rien à perdre ou à gagner sur le plan judiciaire depuis que sa condamnation est définitive (il n'a pas fait appel en 2019). « À aucun moment, ils n'ont été mis au courant devant moi. » Selon l'organisateur des vols, cette tâche revenait à un autre maillon de la chaîne : le courtier en voyages d'affaires Alain Castany. « [S'il] n'a pas mis les pilotes au courant, c'est son problème. Mais il aurait dû le faire... C'était prévu comme ça[49] », assurait Colin, déjà en 2015, dans une conversation téléphonique interceptée par les gendarmes.

« Je ne suis ni un délinquant ni un criminel, je ne fais pas partie d'une bande organisée. » Grande gueule, fumeur invétéré et silhouette de bon vivant, Pascal Fauret est un « homme au caractère affirmé, sur la défensive quand il s'agit de parler de lui », ajoute l'un des experts – psychologue, psychiatre et autre enquêteur de personnalité – missionnés par la justice pour sonder les âmes et les parcours de vie des mis en cause. « C'est une personne pudique qui cache sa sensibilité derrière une forme d'humour. »

On plonge alors dans le dernier quart du XXe siècle, quand Pascal Fauret réalise un rêve d'enfant. « Son père lui a transmis le goût de l'aventure et son ouverture aux autres cultures. » Fils d'une institutrice et d'un officier dans la marine marchande, ce bon élève quitte le lycée avant les examens du bac pour suivre l'exemple de ses idoles, Jean Mermoz et Antoine de Saint-Exupéry qui sont à l'aviation ce que Rihanna est à la pop culture. En mai 1978, le jeune Fauret, qui a déjà pris l'habitude de tutoyer les nuages à bord d'un planeur, s'engage comme élève pilote dans la Marine nationale. Il est alors âgé de 18 ans, et trouve dans l'armée un « substitut familial » sans pour autant couper les ponts avec les siens.

À partir des années 1980, Pascal Fauret sert son pays dans le cockpit d'un Super-Étendard, ancêtre du Rafale Marine. « Il était parmi les tout meilleurs », souligne un amiral devenu chef du cabinet militaire d'un ministre de la Défense, avant de pantoufler dans l'industrie de l'armement. Formé à l'appontage de nuit sur porte-avions, Pascal Fauret reçoit plusieurs décorations – dont la médaille d'or de la Défense nationale – témoignant d'une participation à plusieurs théâtres d'opérations extérieures : Liban, golfe Persique et ex-Yougoslavie. « Le fait est que je n'ai pas fait de mission de combat », relativise Pascal Fauret, qui a aussi été entraîné au transport de l'arme atomique. Un ancien camarade décrit un « homme avec des valeurs, droit dans ses bottes ». Et conclut : « Ce qui doit être terrible, c'est que son intégrité morale soit suspectée. »

Les destins de Pascal Fauret et de Bruno Odos se croisent pour la première fois sur la base aéronavale d'Hyères (Var) où ils sont affectés en début de carrière. Le site n'est pas très loin de Saint-Tropez où germera le projet qui fera définitivement basculer leurs vies. Les deux militaires sont alors âgés d'une vingtaine d'années, leurs futures épouses, contrôleuses aériennes, tombent sous le charme de ces jeunes pilotes de chasse. À cette époque, le film *Top Gun* fait décoller la carrière de Tom Cruise et dope les candidatures dans les centres de formation. L'acteur incarne un lieutenant, Peter Mitchell, *alias* «Maverick», plus vrai que nature avec des Ray-Ban sur le nez et un blouson d'aviateur sur les épaules. Fauret et Odos aussi ont fière allure dans leurs combinaisons. Les deux officiers font partie de la flottille 17F, une unité surnommée «La Glorieuse», dont les avions de combat arment alternativement les porte-avions *Foch* et *Clemenceau*.

Plus sec et taiseux que son camarade, Bruno Odos est un «gentil, un passionné [...], il est d'un naturel très calme». Après moins d'une décennie de bons et loyaux services, lui quitte la marine pour l'armée de l'air. Le voilà aux commandes d'un Mirage 2000 engagé dans le dispositif de dissuasion nucléaire. Le pilote participe également, au plus près du terrain, à des missions de l'Otan et des Nations unies lors des guerres qui ont secoué les Balkans dans les années 1990. Bruno Odos a «combattu sans tirer» en se portant volontaire pour réaliser des missions de guidage sous la menace de l'aviation serbe. Il ne s'en vante pas, de la même manière que Fauret reste modeste sur sa carrière sous les drapeaux. C'est un «collègue fiable, très apprécié, auquel j'aurais confié ma vie sans problème», assure un ex-militaire interrogé par un enquêteur de personnalité. Bruno Odos raccroche en 1999 avec le grade de capitaine et un tas de breloques distinguant un parcours sans tache. Une fierté pour lui et ses proches. «Mon mari est un homme honnête, franc et de parole.»

À l'aube de la quarantaine, Bruno Odos rebondit dans l'aviation civile près de Paris au Bourget – premier aérodrome d'affaires d'Europe –, puis à Bordeaux, avant de décrocher en 2004 un poste au sein de la société THS (qui deviendra SN-THS en 2012). L'aéroport de Lyon-Bron où est basée la compagnie le rapproche du domicile familial, niché à 1 000 mètres d'altitude. « Il aimait bien sa vie tranquille, près de Grenoble. » L'ancien pilote de chasse a choisi de faire construire sa maison au pied d'une petite station de ski dans le massif du Vercors, côté Isère.

Pour cet homme issu d'une famille « très modeste et soudée, capable de faire face aux aléas de la vie », c'est un retour aux sources. Bruno Odos a grandi dans ce terroir rustique qui a fait de lui, natif de Marseille, un montagnard. « C'est un bel endroit où l'on est presque à l'abri de tout, j'ai la chance d'avoir la confiance des gens du village. » Il est dépeint comme « quelqu'un de prudent, animé par la volonté de protéger sa famille ». Nathalie Odos, ex-contrôleuse aérienne devenue préparatrice en laboratoire, confirme : « Mon mari veillait à ce que l'on ait un toit, je n'ai jamais manqué de rien. On n'achète pas de vêtements de luxe, on fait beaucoup de sport. En fait, on habite dans un endroit où il n'y a rien. » Elle décrit un « couple harmonieux, un père qui a toujours été présent, strict, autoritaire, exigeant, affectueux et aimant ».

Pascal Fauret est quant à lui devenu l'archétype du baroudeur. Le genre de gars qui a vécu plusieurs vies avec pas mal d'anecdotes amusantes à raconter sur des destinations exotiques, des atterrissages épiques et des passagers de marque. « Pendant le Printemps arabe, j'ai transporté des hautes personnalités vers la Libye... » En 2012, le vétéran signe un contrat à durée indéterminée avec SN-THS où il retrouve son camarade Bruno Odos.

Quand il n'est pas dans les airs, Pascal Fauret mène une vie bourgeoise à Saint-Cyr-au-Mont-d'Or, une petite ville collée à Lyon. Ses deux derniers garçons sont scolarisés dans un lycée catholique qualifié d'« élitiste » par leur mère. « On avait une vie tout à fait classique. [...] À aucun moment Pascal n'aurait risqué la vie de sa famille et de ses enfants, insiste-t-elle avec un foulard bon chic bon genre noué autour du cou. On n'était pas du genre à sortir, on allait un petit peu au cinéma et surtout voir la famille. On ne partait jamais en voyage. »

Vingt-cinq ans après les années *Top Gun*, les vétérans rendus à la vie civile se retrouvent ainsi à l'organigramme de la compagnie SN-THS où, en plus d'être pilotes, ils occupent des postes à responsabilité. Bruno Odos est chargé des opérations extérieures, Pascal Fauret de la formation des équipes. « Dans l'aviation d'affaires, on fréquente beaucoup d'anciens militaires qui, dans leur majorité, sont très rigoureux. J'ai du mal à imaginer qu'ils aient pu se laisser embarquer dans une affaire qui était en dehors des clous », témoigne un pilote free-lance.

Le quotidien des pilotes chevronnés est alors sans doute moins mouvementé qu'au temps des appontages en mode « Hibou » (nocturne) sur le *Clemenceau* et des missions de protection des cargos français et alliés dans le détroit d'Ormuz, une zone de crise avec l'Iran. Les états de service de Pascal Fauret et de Bruno Odos, comme leurs styles de vie, avaient de quoi en faire des hommes au-dessus de tout soupçon. « Je n'ai jamais fait d'expertise aussi simple de ma vie », s'enthousiasme une psychologue assermentée, habituée à se rendre en prison pour rencontrer des suspects moins équilibrés.

Pour autant, leur « profil d'anciens combattants de la marine, capables de voler sous radar et d'atterrir en plein champ de patates[50] », selon la formule de Frank Colin, les accablera. Et leurs CV rendent l'affaire Air Cocaïne encore plus vertigineuse. « Ces hommes-là ont risqué leur peau pour [la France]. En 42, je ne sais pas ce que j'aurais fait, mais je sais ce qu'eux auraient fait. [...] En République dominicaine, ils ont été tondus comme des collabos », tempête leur avocat Éric Dupond-Moretti, pas encore ministre de la Justice.

Jetés dans les geôles dominicaines, têtes rasées, présentés comme les exécutants d'obscurs narcotrafiquants. Bruno Odos et Pascal Fauret ont été interpellés dans la soirée du 19 mars 2013, vers 23 heures, heure locale[51]. « L'arrestation a été vécue comme un point de rupture, un bouleversement », relève une psychologue. Les épouses des pilotes n'oublieront sans doute jamais ce 20 mars 2013, quand elles étaient sans nouvelles de leurs conjoints. « Pascal avait l'habitude d'envoyer un SMS quand il se posait, j'étais inquiète… J'ai même pensé à un crash. »

C'est l'employeur des pilotes qui se charge de passer des coups de fil aux deux femmes en fin d'après-midi, « vers 17 heures-17 h 30 ». Le patron de SN-THS leur explique que Pascal Fauret et Bruno Odos ont été arrêtés à Punta Cana après la découverte de produits stupéfiants dans des bagages placés dans le Falcon 50. « J'étais soulagée », se remémore Sabine Fauret. « Je ne me suis pas inquiétée. [...] Pour moi, la personne concernée, c'était le passager et [les pilotes] rentreraient pour témoigner », abonde Nathalie Odos. Les épouses n'estiment même pas nécessaire d'annoncer la nouvelle à leurs enfants. Une chaîne d'information en continu s'en chargera le lendemain matin. « Quand ils ont vu les images sur BFM, je peux vous dire que ça [leur] a fait un choc. » Les pilotes sont mis dans le même panier que le passager Nicolas Pisapia et le broker Alain Castany qui était du voyage. Pascal Fauret et Bruno Odos ne sont alors pas près de rentrer chez eux.

« Si on leur avait dit qu'il s'agissait de transporter de la drogue, ils n'auraient jamais accepté de le faire. » Dans le camp des pilotes, il ne fait aucun doute que les vétérans de l'aéronavale sont les victimes par ricochet d'une affaire qui ne les concerne pas, voire d'un coup monté avec des fausses preuves. « Les premières informations démontraient que les accusations portées contre l'équipage étaient choquantes et illégales, assène Christophe Naudin qui n'a pas de mots assez durs pour dénigrer l'ancienne colonie espagnole. S'il n'y avait pas l'argent de la drogue, ce pays ne fonctionnerait plus. » La justice locale ? « Un mauvais théâtre. » La prison ? « Les conditions de détention sont très, très loin des normes internationales. » Et l'ami des pilotes sait de quoi il parle pour avoir lui-même été incarcéré en République dominicaine[52].

« Je crois qu'ils ont été condamnés le jour où ils ont été arrêtés. » Rapidement, l'épouse de Pascal Fauret doit se résoudre à accepter des petits boulots pour quelques centaines d'euros mensuels afin de faire face à la situation qui se profile. Et qui va durer. Ménages, temps partiels... « J'en suis fière parce que j'ai pu sauver l'essentiel : nourrir les enfants et assurer leur scolarité, clame en 2021 l'une des deux femmes. Depuis peu, je fais les passeports et les cartes d'identité en mairie. »

« Je me suis retrouvée du jour au lendemain sans revenu avec un crédit à rembourser. Quand on perd un salaire de pilote [plus de 6 000 euros par mois], l'épargne, ça part vite. Mes parents m'ont aidée. On est des gens sans prétention [...]. On n'a pas de voiture de luxe, on vivait avec nos moyens », plaide l'ancienne officier de marine. L'enquête ne révélera aucun signe anormal concernant les trains de vie, confortables à l'époque des faits, des familles Fauret et Odos.

« Cette affaire nous a détruits, surtout les enfants. [...] Ça a été très difficile, c'est une descente aux enfers », insiste d'une voix plaintive Sabine Fauret. Elle évoque la chute des résultats scolaires des adolescents, les redoublements, et plus tard des consultations chez un psychothérapeute. « C'est surtout le dernier qui a le plus ressenti les choses, il était en CM1, il est devenu adulte un peu trop tôt... », livre à son tour Nathalie Odos sans donner plus de détails. Son époux déplore avec la même pudeur les moqueries au lycée à l'égard de l'un de ses aînés : « Ça lui a fait perdre pied. »

Pascal Fauret et Bruno Odos ne feront leur retour en France qu'en octobre 2015. Après l'opération d'exfiltration baptisée « Dîner à Paris[53] », les anciens pilotes affronteront la justice de leur pays, non sans avoir d'abord effectué un séjour de cinq mois en détention provisoire, dans le centre pénitentiaire des Baumettes, à Marseille.

« Piloter, c'est mon métier, je n'ai toujours fait que ça[54]... », « C'était mon quotidien, ça ne l'est plus... »

Durant leur séjour forcé en République dominicaine, les deux hommes se sont accrochés à l'idée de renouer avec l'univers dans lequel ils ont toujours baigné. « J'ai nourri l'espoir de reprendre une activité en rentrant en France, je crois que c'est définitivement exclu », reconnaît Pascal Fauret. Après leur retour et leur sortie de la prison des Baumettes, le ministère de l'Intérieur met son veto à ce que les anciens militaires, alors sous contrôle judiciaire, prennent les commandes d'un Canadair de la Sécurité civile, et la justice refuse de voir Pascal Fauret devenir formateur sur un simulateur de vol à Morlaix, en Bretagne. Celui-ci suit alors une formation d'ambulancier. « Le Pascal qui est revenu n'est pas le même que celui qui est parti. Après toutes ces épreuves, il était brisé. L'aviation était toute sa vie », déclare sa compagne, très investie dans la campagne médiatique lancée pour soutenir son époux et celui de Nathalie Odos, plus en retrait.

Quand les pilotes déchus sont acquittés en appel par la cour d'assises des Bouches-du-Rhône, le 8 juillet 2021, Pascal Fauret est employé comme gardien de propriété. Bruno Odos est conducteur saisonnier d'engins de damage. Le verdict met fin à plus de huit années de procédure, les deux hommes désormais sexagénaires ne sont alors plus très loin de la retraite civile et la sortie en salles du second *Top Gun* a été repoussée d'un an à cause de la pandémie de Covid-19. « Comme je ne pouvais plus exercer mon métier de pilote, à cause de mes ennuis judiciaires et ensuite à cause de la limite d'âge, je suis devenu dameur, ici, dans le Vercors. J'aime bien piloter *(sic)* ces machines, c'est assez technique. Il faut trois ans pour faire un bon dameur. Et puis, quand on commence, il fait encore nuit, on est seul dans la montagne, on croise des renards, on est peinard[55] », confiera Bruno Odos. L'homme des montagnes avoue s'être offert des cours de pilotage d'hélicoptère.

« L'aviation est une passion, un rêve d'enfant, personne ne devient pilote par défaut », commente un professionnel du même âge que les deux aviateurs emportés dans le tourbillon de l'affaire Air Cocaïne. « Nous sommes de la génération des années 1960, Boeing, Concorde et *Apollo* nous ont mis des étoiles dans les yeux. [...] Pour notre génération, traverser l'Atlantique, c'était un rêve et ça reste un événement fort dans la vie d'un pilote. » Finalement, ça sera devenu leur cauchemar.

7

L'aviation d'affaires au service du narcotrafic

« Dans l'aviation d'affaires, on a l'impression qu'il n'y a aucune précaution au motif que le client est roi. On a appris que l'on pouvait transporter de l'or, des armes, des stupéfiants à une époque où l'on vous fait enlever votre ceinture et vos chaussures avant d'embarquer sur un vol commercial classique. » Le président de la cour d'assises Jean-Luc Tournier soulève l'un des points essentiels de l'affaire Air Cocaïne qui n'a sans doute pas échappé aux narcotrafiquants. « La règle de l'aviation d'affaires, c'est la discrétion : on ne pose pas de question », résume le broker Alain Castany lorsqu'il a été interrogé après son interpellation à Punta Cana. « Le rôle du commandant de bord, c'est de gérer son vol de A à Z : chargement, trajectoire, formalités… Il doit également prendre soin du client », complète un professionnel du secteur. L'équipage doit être en mesure de se plier aux desiderata du « client-roi » : changement de destination et modification d'horaires à la dernière minute, formalités administratives, etc. Des règles et une flexibilité appréciées d'une clientèle aisée qui répondent également parfaitement aux besoins du narcotrafic.

Attention également à ne pas confondre « aviation d'affaires » et « aviation privée », tiennent à nuancer les pilotes Pascal Fauret et Bruno Odos. La première catégorie relève de l'aviation commerciale, au même titre qu'un transport sur une ligne régulière. Pour faire simple, un client paie son voyage et l'équipage est rémunéré par la compagnie qui exploite l'aéronef. La seconde concerne les déplacements effectués sans relation contractuelle avec un transporteur aérien. Des gens très fortunés possèdent leur propre jet. Certains louent les services d'un pilote en free-lance, d'autres sont en mesure de prendre les commandes de leur coucou comme le quidam prend le volant de sa voiture. Le vol est alors réputé privé. « L'aviation d'affaires n'a aucune existence réglementaire, elle peut être effectuée par une société exploitante comme par le propriétaire de l'avion à titre gracieux », relativise une experte en aéronautique. Il n'empêche : la distinction entre aviation d'affaires et vols privés nourrit les discussions sur le niveau de responsabilité des pilotes et des compagnies aériennes vis-à-vis des bagages transportés, même si finalement la loi est la même pour tout le monde. Un débat rendu délicat par la barrière de la langue en République dominicaine, estiment Fauret et Odos, jugés une première fois sous les tropiques. « Le langage aéronautique est particulier, et à travers un interprète, c'est difficile de se faire comprendre, voire impossible, *certains mots* sont intraduisibles[56]. » Pour le tribunal de Saint-Domingue, le Falcon 50 arraisonné sur le parking VIP de l'aéroport de Punta Cana relevait d'un transport privé. De

l'autre, sont situées à plusieurs dizaines de kilomètres, sans autoroute.

«Il n'y a pas de contrôle d'initiative; notre mission prioritaire, c'est la route», reconnaît un douanier de la brigade de Fréjus, plus habitué aux découvertes de drogue dans des remorques de poids lourds au péage du Capitou sur l'A8. «On n'intervient à l'aéroport du Golfe de Saint-Tropez que sur demande de la cellule de ciblage à Paris.» Soit une poignée de contrôles par an. Ciblage? «La brigade de douane de Fréjus s'occupait du contrôle des vols hors Schengen», précise un autre fonctionnaire, qui peste contre l'heure de route qui sépare l'aéroport de Saint-Tropez des locaux de son unité. Du côté de Toulon, la problématique est la même. «Il faut faire un choix : soit on vérifie des cargos turcs qui arrivent au port, soit on se projette à plus de 60 kilomètres. On choisit en fonction de la priorité», explique en substance un directeur régional de la douane.

Au-delà des modalités de contrôle, c'est aussi le contenu des valises transportées dans la plus grande discrétion qui interroge. «Chaque année, 3 000 tonnes d'or sont transportées, dont 25 % en jet privé», assure le dirigeant d'une société d'assistance aéroportuaire, également courtier dans l'aviation d'affaires. «Mon métier, c'est de trouver le bon avion…» Les clients pour convoyer cette précieuse marchandise? Le témoin s'en tient aux entités institutionnelles et économiques. «Les États, les banques centrales, les fabricants de téléphones portables ou de satellites, les négociants, les fonderies… Quand je travaillais à Nice, on avait environ 40 kilos d'or par semaine qui arrivaient pour [un industriel] à Cannes.» Mis en examen dans l'affaire Air Cocaïne avant de bénéficier d'un non-lieu, ce broker assure que les valises métalliques décrites par la pilote démissionnaire de SN-THS contenaient de l'or en provenance d'un paradis fiscal aux Antilles. «Le client m'a dit que c'était légal, donc c'était légal. Poser des questions, c'est déjà désobéir, comme on dit dans l'armée. On ne peut pas demander aux pilotes d'être plus soucieux que ça.» Métaux précieux, diamants, armes, êtres humains... en 2011, l'agence Europol a pointé une «expansion de l'éventail des marchandises illicites faisant l'objet d'un trafic au moyen d'avions légers[58]», notamment «à des fins de blanchiment d'argent». En la matière, les trafiquants internationaux de cocaïne font office de pionniers.

Un avion qui provenait de République dominicaine, était-ce suspect? «Absolument! répond du tac au tac un douanier qui a passé quelques années à l'épicentre de l'aviation d'affaires en Europe. Lors de ces quatre années au Bourget, on n'a eu aucune affaire de stupéfiants, et ce n'est pas faute d'avoir cherché. Dès qu'on s'aperçoit qu'un avion provient d'un pays à fort potentiel, il est contrôlé.» À Saint-Tropez, le vol de Puerto Plata du 9 décembre 2012 n'était pas considéré comme provenant d'un État non européen, encore moins d'un pays réputé pour être une plaque tournante. Le Falcon 50 avait fait une escale technique sur une île portugaise aux Açores assez mal pourvue en matière de moyens de lutte contre les trafics de stupéfiants, estime un spécialiste entendu par la justice. «Pour nous, l'avion venait de Santa Maria», considère le directeur de l'aéroport boudé par les douanes. Grâce à son « stop » dans l'espace Schengen – une aire de libre circulation en Europe –, l'aéronef n'avait effectivement pas attiré l'attention de la cellule de ciblage des douanes.

C'est dans ce contexte que la compagnie aérienne SN-THS, basée à l'aéroport de Lyon-Bron, a pris son envol. L'entreprise a été créée en 2011 par Pierre-Marc Dreyfus, fringant quadra, sur les ruines de la société THS, dirigée jusqu'à la faillite par un oncle (en fait le cousin de son père). Pierre-Marc Dreyfus décrit ce parent comme un « patron paternaliste [qui] fonctionne à l'ancienne. [...] Il use de vieilles méthodes, efficaces à une époque mais désormais dépassées[59] ». Le septuagénaire, poussé vers la sortie par le naufrage de sa société, a sa petite idée sur la question des bagages qui remplissent les soutes des avions d'affaires. « Si l'équipage a un doute, il appelle les services de douane ou son employeur. [...] Personne ne révoquera un pilote s'il fait son travail. » Comment aurait-il réagi si « ses » aviateurs avaient fait ouvrir les valises d'un client ? « Je les aurais félicités », affirme-t-il avec un brin de mauvaise foi. « Il est impossible pour le commandant de bord de bloquer le vol pour vérifier les bagages. Si tout est licite, il devra trouver un autre travail... Le passager est roi », répète l'experte en aéronautique chargée d'éclairer la justice dans l'affaire Air Cocaïne.

« L'oncle et le neveu Dreyfus ont eu une relation épidermique assez rapidement. Il suffit de se rendre sur la plateforme de Bron et d'en parler avec les gens pour s'en rendre compte », témoigne Olivier Ginon, le patron lyonnais du groupe GL events, un fleuron économique tricolore. « Je suis un entrepreneur qui fait travailler plusieurs milliers de personnes dans le monde. [...] J'essaie de créer de la richesse et de faire en sorte que mes salariés soient le plus heureux possible », fait valoir cet homme d'affaires, utilisateur régulier d'avions à la demande. Olivier Ginon, créancier de THS, a investi 50 000 euros dans la naissance de SN-THS. « J'ai fait ça pour Pierre-Marc Dreyfus. J'avais une relation d'amitié avec sa famille et je voulais aider un jeune. » « Dreyfus faisait preuve d'une ambition débordante. Il cherchait à faire grossir sa société en rendant possibles les vols transocéaniques », se souvient un commercial de SN-THS. Cette opportunité viendra avec le projet Air Cocaïne.

Pierre-Marc Dreyfus, né le 1er janvier 1965 à Lyon, a également pu compter sur un autre investisseur en la personne de Fabrice Alcaud pour se lancer dans l'aventure SN-THS. Les deux associés sont des pilotes devenus hommes d'affaires, même si Alcaud n'a jamais cessé de voler, notamment pour le compte de la compagnie Ixair. Ils n'ont pas de passé militaire mais partagent avec Pascal Fauret et Bruno Odos leur passion pour l'aéronautique. Et comme les pilotes interpellés à Punta Cana, Dreyfus et Alcaud n'ont pas des profils de narcotrafiquants aguerris. Le premier n'avait pas de casier judiciaire avant d'être emporté par le tsunami judiciaire de l'affaire Air Cocaïne. Le second avait seulement été épinglé en 2010 en Nouvelle-Calédonie pour avoir pris le volant malgré l'invalidation de son permis de conduire (400 euros d'amende).

« J'ai immédiatement senti que j'avais en face de moi quelqu'un qui était de bonne famille. Son père était un ancien directeur de société, sa mère dirigeait un groupe textile », note un enquêteur de personnalité à propos de Fabrice Alcaud. Maths sup, École nationale de l'aviation civile (l'ENAC, qui fait référence), une licence de pilote aux États-Unis avant une carrière dans l'aviation d'affaires en France. Fabrice Alcaud ne boit pas, ne fume pas, ne consomme pas de drogue et n'a aucun penchant pour les jeux d'argent. Mari idéal et père de deux enfants, ses revenus confortables permettent au foyer de rembourser un crédit contracté pour l'acquisition d'un appartement dans le 18e arrondissement de Paris, son quartier de toujours. La famille habite à deux pas du cimetière de Montmartre où reposent Dalida, Michel Berger et France Gall, mais aussi les aviateurs Robert Bajac et Paul Codos.

« Fabrice est un ami de vingt-cinq ans, on s'est connus à la fin de nos années de lycée. Il a toujours voulu être pilote. On est restés très, très proches. Nos enfants sont amis, on a pris nos rôles de pères très au sérieux. Expositions, spectacles pour enfants, jeux de société… Fabrice est l'une des seules personnes à qui je confie mon fils », loue un cadre du groupe TF1 lors de son audition, membre de la solide bande de copains à laquelle appartient Fabrice Alcaud.

Pierre-Marc Dreyfus, président-directeur général de SN-THS (connue également sous le nom d'« Aero Jet Corporate »), est lui aussi issu d'une « très bonne famille, et peut-être même assez bourgeoise », euphémise l'enquêteur de personnalité qui l'a visité en prison. Sa famille s'est enrichie dans le tissage de soieries, à la tête d'une usine qui a littéralement fait vivre une commune de 500 habitants dans la Drôme. « Barbières, c'était Dreyfus, et Dreyfus, c'était le bon Dieu. D'autant plus souverain et mystique qu'on ne le voyait qu'une fois par an au village, quand il descendait de Lyon[60] », écrit le journal *Le Monde* alors qu'un plan de licenciement massif visait la quasi-totalité des 145 employés de la filature. De cet épisode du déclin de l'industrie textile dans le bassin rhônalpin à la fin des années 1970, Pierre-Marc Dreyfus a gardé le souvenir du « jusqu'au-boutisme » des ouvriers qui ont occupé les ateliers pendant plusieurs mois. Le site deviendra au XXIe siècle une salle de spectacles de 5 000 mètres carrés : les Ateliers Magiques de Dani Lary.

« C'est un passionné de chasse, de voile, de vélo, de sports d'hiver... » D'aviation, évidemment. Et surtout d'équitation, à l'image de cet aïeul, du côté maternel, qui a fait entrer dans le patrimoine familial un haras situé sur la rive gauche de la Durance, dans les Bouches-du-Rhône[61]. Formé dans des établissements scolaires privés, Pierre-Marc Dreyfus a gravi tous les échelons dans l'aviation d'affaires au sein de THS, l'entreprise de son oncle has been. Avant de voler de ses propres ailes en créant, en 2006, sa société spécialisée dans la revente et la gestion d'aéronefs. C'est dans le cadre de cette activité que Pierre-Marc Dreyfus a créé Aero Jet Corporate et été amené à prendre en charge le Falcon 50 dont disposait Alain Afflelou. « Pierre-Marc Dreyfus est quelqu'un qui est très sûr de lui », note l'enquêteur de personnalité, contrastant avec un Fabrice Alcaud de prime abord plutôt réservé.

«Nos profils sont complémentaires[62]», revendique Dreyfus qui se décrit comme un «besogneux au bon sens paysan». Fabrice Alcaud «recrute beaucoup de clients grâce à son entregent, son excellente réputation et sa facilité à nager comme un poisson dans l'eau dans les pince-fesses parisiens». La mutualisation des carnets d'adresses de l'un et de l'autre devait permettre à SN-THS d'engranger des contrats. «C'était une petite société avec deux ou trois avions, qui faisait des vols intra-européens, témoigne l'ex-responsable d'une compagnie concurrente au Bourget. Ça marchait, mais pas si bien que ça, je pense. Il n'y avait pas beaucoup de vols.» Pierre-Marc Dreyfus livre un point de vue différent : «Au Bourget, SN-THS est très vite devenue "la petite boîte qui monte, qui monte"[63]. En mars 2013, nous faisions 500 000 euros de chiffre d'affaires par mois[64]», affirme Pierre-Marc Dreyfus. Le chef d'entreprise n'est pas peu fier d'avoir fait voler Nicolas Sarkozy. Ce prestigieux passager avait été amené par un client, producteur de télévision, qui a également financé le déplacement d'Alain Minc au lendemain du vol de Puerto Plata. La société pouvait aussi se targuer d'avoir fait traverser la Méditerranée à un célèbre humoriste. «On faisait des vols pour le Marrakech du rire. Jamel Debbouze louait un avion par l'intermédiaire de sa boîte de production, mais à la fin, c'était M6 qui prenait en charge les paiements. Il n'y avait aucune malice là-dedans», dépeint Fabrice Alcaud.

Qu'en est-il du financement des trois vols Air Cocaïne ? Le mystère qui entoure leur paiement est bien plus épais. Les vols ont-ils été réglés ? « De mémoire, non. Ou plutôt, il me semble que le premier vol avait été payé, le deuxième non, et il n'était toujours pas payé quand le troisième vol allait partir », indique un neveu du P-DG employé comme agent commercial. « Fabrice Alcaud avait dit qu'il avait perçu une caution en espèces de 100 000 euros. Pour moi, les seules personnes qui peuvent générer autant de cash sont soit les Émiratis, soit les trafiquants de drogue », répète ce témoin. « Aucun vol n'a été payé », maintient Fabrice Alcaud, contestant les témoignages faisant état de règlements en espèces. L'associé de Pierre-Marc Dreyfus a pourtant réglé par l'intermédiaire d'une société immatriculée au Luxembourg une facture associée au premier vol, celui des valises boueuses récupérées à Punta Cana. C'est l'unique paiement traçable dans le dossier. « J'ai versé, par le biais de ma société CAPS SA, 89 700 euros sur le compte de SN-THS. C'étaient les frais du vol, à savoir le coût des charges fixes à régler aux prestataires et au propriétaire de l'avion. En tant qu'actionnaire de la compagnie à hauteur de 30 %, c'était pour préserver la santé économique de SN-THS. Cette somme n'était pas le prix du vol, c'était en quelque sorte une avance sur recette. »

La société SN-THS aurait donc affrété trois vols transatlantiques en se contentant d'une avance de près de 90 000 euros sur le prix du premier déplacement, même pas réglée par le client inconnu de l'entreprise. Un scénario qui n'a pas convaincu la justice, alors que la valeur unitaire des prestations avoisinerait les 130 000 euros.

Même le comptable de SN-THS ne parvient pas à expliquer comment ces vols n'auraient pas été payés à l'avance, comme c'est l'usage dans l'aviation d'affaires. Sauf feu vert express. «Si MM. Alcaud ou Dreyfus avaient donné leur accord, c'est qu'ils avaient confiance», suppose-t-on du côté du service commercial. Les dirigeants de SN-THS n'ont jamais vu le véritable commanditaire des vols, s'en remettant à l'apporteur d'affaires Alain Castany. Celui-ci a affirmé que les vols avaient été payés en liquide, un mode de règlement «pas très habituel mais pas extraordinaire».

Et quelle confiance leur inspirait Nicolas Pisapia, le passager des voyages aux allures de vols barbouzes, selon le sentiment de Pascal Fauret? «Vous disiez qu'il n'a pas la tête du client habituel...», soulève un magistrat en se tournant vers Pierre-Marc Dreyfus. «J'ai appelé Fabrice [Alcaud], je lui ai demandé de regarder pour qu'on soit sereins», fait valoir le P-DG, qui situe cette démarche quelque part entre les deux premiers vols. Fabrice Alcaud affirme avoir tenté de se renseigner sur le profil de Nicolas Pisapia après le vol de Quito, de retour le 4 mars 2013 au Bourget. Quand il apprend que Nicolas Pisapia a été soumis à des vérifications à l'aéroport international de Quito, Fabrice Alcaud, fort de ses relations, se débrouille pour approcher l'Office central pour la répression du trafic illicite des stupéfiants (OCRTIS), alors que le troisième et dernier vol de l'affaire Air Cocaïne est en préparation. «Nous avons été avisés d'un renseignement fourni par M. Alcaud au sujet d'un vol suspect en mars. Très peu de temps avant Punta Cana», confirme un commissaire de police alors à la tête de la division opérationnelle de l'OCRTIS. À son interlocuteur, Alcaud aurait même évoqué des paiements effectués « au cul de l'avion ». « Moi, il me semblait me souvenir de ces détails-là, "au cul de l'avion" n'est pas une expression que je connaissais avant… Mais si Fabrice Alcaud dit que ce n'était pas le cas… », rétropédale ce policier.

Il se trouve que le retour de Quito coïncide avec le début des vacances scolaires à Paris. La famille Alcaud quitte le 18e arrondissement pour un séjour à la montagne avec des amis proches. Le coactionnaire de SN-THS est préoccupé par cette histoire de passager contrôlé à Quito et s'en émeut auprès d'un de ses amis qui a de l'entregent. « Il m'a demandé si j'avais des contacts pour en savoir plus sur [le passager du vol] », restitue ce dirigeant d'un service de conciergerie de luxe. Celui-ci adresse un e-mail, le 10 mars 2013, à un officier de police qui compte parmi ses connaissances.

« J'étais arrivé à Sanaa une semaine après la révolution, je faisais du suivi de crise, se remémore le fonctionnaire, à l'époque affecté à l'ambassade de France au Yémen. J'ai ouvert le mail le 11 mars. » Le message qui s'affiche sur l'écran de son ordinateur contient une demande de renseignements avec une copie du passeport de Nicolas Pisapia. « La pratique, c'est de ne pas donner ce genre d'info. » Le patron de la conciergerie de luxe assure néanmoins avoir obtenu ce qu'il demandait : « Il me rappelle et me dit que Pisapia n'est pas fiché. » Parole de l'un contre celle de l'autre. « [Ce policier] doit avoir du mal à dire qu'il m'a donné des renseignements qu'il n'aurait pas dû me donner… »

La version du témoin cité par la défense est raccord avec celle des pilotes, de Fabrice Alcaud et à peu près de Pierre-Marc Dreyfus, le P-DG de SN-THS. Tous assurent avoir pris les précautions nécessaires et être étrangers à la véritable nature des vols transatlantiques. « J'ai eu un retour de Pierre-Marc Dreyfus avant le départ pour Punta Cana, il m'a dit : "On a vérifié, il n'y a rien" », relate Pascal Fauret.

Ce qui est certain, c'est que le commandant de police en poste à l'ambassade au Yémen est intrigué par cette histoire d'allers-retours entre la France et l'Amérique du Sud. Il prend attache, de retour à Paris, avec un collègue de l'OCRTIS. À l'époque, cet office rattaché à la Direction centrale de la police judiciaire est piloté par le commissaire François Thierry et a encore le vent en poupe. À la fois service d'investigations et agence de renseignement, l'OCRTIS collectionne les saisies de stups spectaculaires et mène bon nombre d'enquêtes de grande envergure. Parmi ses faits d'armes, compilés par le service de communication du ministère de l'Intérieur : 7 tonnes de résine de cannabis transportées par deux camions venus du Maroc *via* l'Espagne (2011), 0,5 tonne en provenance du nord de l'Europe (2012) ou encore plus d'1 tonne de cocaïne dispatchée dans une trentaine de valises placées dans la soute d'un vol Air France, entre Caracas au Venezuela et Paris (2013). L'OCRTIS est également représenté dans les organismes de coopération internationale. « [La répression] a permis d'émietter et de morceler les filières. Les routes de la drogue sont connues et les trafiquants sont obligés de revoir à la baisse leurs profits en diminuant les quantités transportées, en s'insérant dans les flux commerciaux traditionnels[65] », observait François Thierry en marge d'un colloque organisé par le Centre de coordination pour la lutte antidrogue en Méditerranée (CECLAD-M). Un constat dressé plus d'un an avant que les narcos se tournent vers le Falcon 50 exploité par la compagnie lyonnaise SN-THS.

Les deux hommes ne se connaissent pas : « Je suis passé par mon syndicat. » Rendez-vous est donné dans les bureaux de l'OCRTIS, à Nanterre : « Il m'a remis les coordonnées de Fabrice Alcaud plus la copie d'un passeport au nom de Pisapia, susceptible d'appartenir à un réseau criminel en lien avec un trafic de stupéfiants. Il m'a parlé d'une rotation bizarre », confirme l'agent qui est « chef de groupe » à l'Office anti-stups. La rencontre a lieu le lundi 18 mars. L'affaire Air Cocaïne éclate le surlendemain.

« Chaque pays européen dispose d'un agent de liaison au sein de la DNCD... » Au sein du groupement de gendarmerie du Var, où l'on se préparait à cueillir le Falcon 50, attendu le 20 mars à Saint-Tropez, on n'est pas loin d'imaginer un mauvais coup de la part de l'OCRTIS. « Le Falcon a été intercepté sans que l'on n'y soit pour rien, je le dis avec force et conviction », insiste le haut fonctionnaire qui dirigeait les soixante-dix policiers de la division opérationnelle de l'office. Il n'en reste pas moins que l'OCRTIS héritera du dossier ouvert par les gendarmes.

Dans le même temps, les démarches entreprises par Fabrice Alcaud pour rencontrer un agent de l'OCRTIS prospèrent subitement. « Le dimanche, on a pris contact au téléphone et on s'est vus le lundi 25 mars.» L'entretien, informel, se déroule pendant une vingtaine de minutes dans un café du côté de la porte Maillot à Paris. Alcaud se dit inquiet pour l'avenir de la société SN-THS et réfute toute implication dans un trafic de stupéfiants. «Le rendez-vous a été clos et je lui ai dit : "J'espère qu'on se reverra et qu'on pourra collaborer de manière plus étroite", indique le policier. À l'époque, je dirige un groupe d'enquête qui ne traite pas le dossier [Air Cocaïne].» Ce capitaine prend alors soin d'inscrire Fabrice Alcaud au fichier du Bureau central des sources (BCS), en accord avec sa hiérarchie. «J'ai souhaité qu'il soit inscrit au BCS pour protéger l'agent traitant, en laissant une trace de ce contact. Ce n'est pas un informateur habituel. Est-ce qu'il a senti ou pensé qu'il se passait quelque chose de suspect? Est-ce qu'il a essayé de se couvrir? Je ne sais pas. En tout cas, il a fait cette démarche. L'inscription s'est faite comme ça. Ensuite, j'ai souhaité qu'il n'y ait plus d'autres rendez-vous», explique le chef de la division opérationnelle de l'OCRTIS. Il y aura pourtant un autre rendez-vous informel, cette fois dans les geôles de la garde à vue de Fabrice Alcaud, en septembre 2013.

En attendant, l'étau se resserre autour des responsables de la compagnie aérienne SN-THS. «Leurs premières déclarations ne cadraient pas.» Pierre-Marc Dreyfus et son associé sont interpellés à la rentrée de septembre 2013, à quelques jours du quarantième anniversaire de Fabrice Alcaud. «Le plus jeune de nos enfants avait 10 ans à l'époque, le petit a vu partir son papa entre trois policiers. [...] Ça a été très dur, c'était le jour de sa rentrée en sixième, se remémore l'épouse du P-DG de SN-THS. » Malgré leurs dénégations, les deux hommes sont soupçonnés d'avoir sciemment fermé les yeux sur la nature des vols par appât du gain. Les rotations transatlantiques auraient été réglées en espèces et les deux hommes d'affaires ont loué des coffres dans leurs agences bancaires. La justice s'étonne notamment que Fabrice Alcaud se soit substitué au client en procédant, par l'intermédiaire de sa société[66] basée au Luxembourg, au règlement du premier vol de Puerto Plata à hauteur de 87 000 euros, des faits que Fabrice Alcaud démentira toujours. À l'issue de leur garde à vue, Fabrice Alcaud et Pierre-Marc Dreyfus sont mis en examen les 9 et 10 septembre, puis placés en détention provisoire. « Quand Pierre-Marc est parti en prison, ça a été l'effondrement », déclare son épouse.

L'agent traitant de l'OCRTIS est envoyé dans les geôles de la garde à vue de Fabrice Alcaud en septembre 2013, pour « le décoincer », selon le jargon policier. « Il m'a dit : "Ta juge, elle est folle, elle veut du biscuit" », rapporte Fabrice Alcaud. « Ma démarche était de le rassurer pour qu'il puisse s'épancher », nuance le policier. « J'avais appris par mon collègue [responsable de l'enquête sur Air Cocaïne] qu'il avait été placé en garde à vue. Il m'avait demandé d'aller le voir… Je lui ai dit : "Fabrice, raconte ce que tu as fait, n'aie pas peur." Je ne suis pas allé sur le fond mais sur la forme… »

La juge d'instruction qui coordonne l'enquête depuis Marseille n'a pas été informée de cette « visite de courtoisie », pas plus que de l'inscription de Fabrice Alcaud au fichier des sources après sa prise de contact en mars.

«Je n'avais pas donné l'instruction de ne pas l'aviser, il y a eu un problème de communication, se défend le chef de la division opérationnelle. Je me souviens avoir dit [au responsable de l'enquête] qu'il fallait en aviser la juge d'instruction.» Le directeur d'enquête est persuadé d'avoir informé la juge du statut d'indic attribué à Alcaud dès le printemps 2013. «La veille des interpellations [en septembre 2013], j'avisais Mme la magistrate du statut de M. Alcaud qui avait été en contact avec quelqu'un de notre service et qui avait rapporté à cette personne ses doutes sur les voyages de Pisapia. La magistrate n'y voyait pas d'inconvénient.» Elle dément.

C'est la «goutte d'eau qui a fait déborder le vase», dit-elle. En juillet 2014, l'OCRTIS est dessaisi de l'enquête. Une décision lourde. «La confiance s'est effritée au fil des mois», justifie la juge Christine Saunier-Ruellan, déjà contrariée par les délais de transmission des retranscriptions des écoutes téléphoniques. «Cette décision a été prise en co-saisine [avec deux autres magistrats instructeurs], dans le secret d'un délibéré. En principe, les services de police devaient me communiquer l'ensemble des actes de la garde à vue. Or, il manquait un procès-verbal, que je n'ai reçu qu'en juillet 2014. La démarche de Fabrice Alcaud apparaissait dans ses troisième et sixième auditions.»

Le manque de loyauté et de transparence de l'OCRTIS vis-à-vis des magistrats de même que ses méthodes borderline secoueront encore cet organe de la police judiciaire. Les polémiques sur les «livraisons surveillées» de stupéfiants et sur la gestion hors cadre des indics auront raison de l'office et de son patron François

Thierry, débarqué en 2016. Les temps où les ministres de l'Intérieur félicitaient l'office pour ses prises records sont révolus. En 2020, l'Office anti-stupéfiants (OFAST) succédera à l'OCRTIS dans le cadre d'une refonte de la lutte contre les trafics de drogue.

La section de recherches (SR) de la gendarmerie de Marseille, la SR de la gendarmerie du transport aérien de Roissy et le Service national de la douane judiciaire reprennent le dossier Air Cocaïne le 24 juillet 2014. « Ça a été compliqué de récupérer certaines pièces auprès de l'OCRTIS, reconnaît le directeur d'enquête de la SR de Marseille. On a eu la procédure complète en deux ou trois temps. On s'est aperçus qu'il manquait des fadettes [factures détaillées] … Le travail qui a été fait était très bien fait, mais s'ils pouvaient nous mettre des bâtons dans les roues… » Au-delà de la guéguerre entre les services, le major de gendarmerie rappelle que l'objectif numéro un est de retrouver Rayan. « Pensez-vous que l'OCRTIS vous a caché des éléments pouvant permettre de l'identifier ? – Je ne pense pas, c'est juste qu'ils nous ont ralentis. De là à nous faire identifier quelqu'un d'autre… »

L'interception du Falcon 50 en République dominicaine, dans la nuit du 19 au 20 mars 2013, a eu l'effet d'un tremblement de terre pour la compagnie aérienne. SN-THS s'est rapidement retrouvée sur la sellette. Le commissaire aux comptes de la société CAPS SA et trois pilotes de SN-THS ont démissionné dans la foulée. « J'ai demandé à l'entreprise un audit pour savoir comment était gérée SN-THS. À la lecture du rapport, j'ai décidé de céder mes parts à hauteur de 1 euro », indique de son côté Olivier Ginon, qui avait aidé Pierre-Marc Dreyfus à mettre sur pied la compagnie en devenant actionnaire minoritaire. «Il n'était pas question que je ternisse l'image de mon entreprise», assume ce grand patron lyonnais. La compagnie aérienne SN-THS dépose le bilan dans les semaines qui suivent. Elle est placée en liquidation judiciaire en octobre 2013, un mois après les incarcérations de Dreyfus et Alcaud. «Si on l'a récupérée tous ensemble, ce n'était pas pour que ça finisse comme ça. Si on avait soupçonné le moindre trafic, on aurait arrêté immédiatement», jure Pierre-Marc Dreyfus. «C'est un saccage pour beaucoup de gens, c'était une petite compagnie en plein développement, il y avait vingt personnes, dont sept pilotes qui travaillaient pour cette société, il y avait lieu d'espérer en faire quelque chose de bien[67]», désespère Bruno Odos, pilote et responsable des opérations extérieures.

8

L'enquête française

Le 20 mars 2013, dans la tour de contrôle du petit aérodrome varois, le commandant de la compagnie de gendarmerie de Gassin-Saint-Tropez poireaute en vain. Les gendarmes, qui avaient investi l'aéroport et ses abords, passent à côté d'une saisie record de 700 kilos de cocaïne, restés aux mains des forces antidrogue dominicaines. Pour les narcotrafiquants, qui auraient dû investir dans ce go fast une somme estimée à 700 000 dollars américains[68] (environ 540 000 euros), le manque à gagner est supérieur à 20 millions d'euros sur le marché européen de la revente au kilo.

Les enquêteurs de la brigade de Saint-Tropez ne sont pas les seuls à être désarçonnés par le coup d'éclat de la DNCD dominicaine. Le passager du Falcon 50 cloué sur le sol de Punta Cana a eu le temps de passer un coup de fil, vers 23 heures heure locale, alors que l'aéronef était cerné. « Nico m'a appelé à 4 heures du matin, il m'a dit : "Je vois des flics partout"[69], raconte l'organisateur Frank Colin. C'est la dernière conversation que j'ai eue avec lui[70]. » L'enquête a établi qu'à l'aube de ce mercredi

20 mars 2013, Colin et Rayan se sont donné rendez-vous du côté de la gare de Toulon, à quelques dizaines de kilomètres de Saint-Tropez. «Je sais que ça y est, c'est fini.» L'un et l'autre s'évaporent dès les premières lueurs de ce jour marquant l'arrivée du printemps.

Compte tenu de la dimension internationale de l'affaire qui éclate au grand jour en République dominicaine, le juge d'instruction de Draguignan passe logiquement la main à ses collègues de la juridiction interrégionale spécialisée (JIRS) de Marseille[71], rompue aux dossiers les plus complexes et aux affaires de grand banditisme. Un collège de trois magistrats instructeurs est désigné dès le 22 mars 2013. Et, nouvelle frustration après le camouflet infligé par la DNCD qui leur a coupé l'herbe sous le pied, les gendarmes de Saint-Tropez sont priés de transmettre les pièces de leur dossier aux policiers de l'OCRTIS, basé à Nanterre, désormais chargé des investigations.

En mars 2013, forts des éléments communiqués par les gendarmes de Saint-Tropez, les enquêteurs chevronnés de Nanterre focalisent leur attention sur l'organisateur des vols. «Très vite, on a eu le renseignement que Frank Colin était à Paris», se targue le chef de la division opérationnelle de l'OCRTIS entre 2010 et 2016. Les enquêteurs ne tardent pas à se rendre à l'agence de la Société générale, pas très loin de leurs locaux en région parisienne, où Pisapia et Colin ont ouvert des comptes et loué un coffre à l'automne.

«On a eu la visite de la police. On a fait ouvrir le coffre, il y avait une certaine somme d'argent... J'ai demandé aux policiers quel comportement adopter vis-à-vis de M. Colin», détaille fébrilement l'ancienne responsable de l'agence La Défense-Pyramide (Puteaux, Hauts-de-Seine), encore traumatisée par les interrogatoires qu'elle a subis sous le régime de la garde à vue pour ne pas avoir signalé le dépôt en espèces de 300 000 euros effectué par Colin après le premier vol en décembre. «Le lendemain [du passage des enquêteurs], Frank Colin est arrivé à l'ouverture de l'agence. J'ai demandé à le faire patienter et j'ai contacté la police. Je lui ai dit qu'on ne pouvait pas accéder à la salle des coffres, on est convenus que je le rappelle dès que la salle serait opérationnelle.» Frank Colin est interpellé sans difficulté à la mi-journée du 28 mars, alors qu'il allume une cigarette devant la banque. Après plusieurs jours de garde à vue à Nanterre, l'organisateur des vols Air Cocaïne est mis en examen à Marseille et placé en détention provisoire à Aix-en-Provence.

La somme de 95 060 euros, soit 2 509 billets répartis en douze liasses de 20 euros et quatorze de 50 euros, a été saisie dans le coffre que louait le suspect. Les analyses effectuées par le laboratoire de police scientifique de Marseille sur un échantillon de trente billets qui n'ont pas été choisis au hasard (au moins un par liasse) plaident pour un «lien possible» avec un trafic de cocaïne. «On a trouvé des seuils cent fois supérieurs à la normale», relève le directeur du labo.

Si Colin a été appréhendé assez rapidement, les policiers vont en revanche buter sur l'identification du commanditaire Rayan, qui fréquentait les nuits tropéziennes à l'été 2012. «On se focalisait sur le rendez-vous à la gare de Toulon dans la nuit du 19 au 20 mars», détaille le chef d'enquête à l'OCRTIS. La ligne espagnole d'un portable en lien avec un numéro dominicain est isolée, mais elle a rapidement été désactivée. Ce téléphone vraisemblablement utilisé par Rayan a également borné à l'hôtel La Farandole, à Sanary, entre Toulon et Marseille, fréquenté par les protagonistes lors du vol de Puerto Plata en décembre et dans les jours qui ont précédé l'arraisonnement du Falcon 50 à Punta Cana.

Le dernier séjour de Colin et Rayan dans cet hôtel n'est cependant pas passé inaperçu. «J'ai eu l'écho qu'un groupe de clients voulait débaucher ma serveuse pour travailler dans des avions. Ça m'a inquiétée, j'ai voulu suivre l'évolution de ces relations», témoigne l'ancienne responsable du bar-restaurant. En fait, c'est Rayan qui «a dragué un peu lourdement» cette employée. «Il était grossier et faisait des remarques déplacées[72], confie la serveuse. Il m'a dit qu'il avait une société de jet privé et qu'il pouvait m'employer comme hôtesse. [...] Il m'a alors expliqué qu'il travaillait pour Karim Benzema en me précisant qu'il était son ami. Il m'a demandé de lui faire passer un CV et je n'ai plus eu de nouvelles.» Cette jeune femme et Rayan échangent leurs derniers SMS dans la nuit du 19 au 20 mars. Cette nuit-là, ils se sont même revus autour d'une bouteille au Moon, un bar-restaurant qui ferme très tard sur une plage voisine de Sanary-sur-Mer. Ironie de l'histoire, cette serveuse de La Farandole deviendra vraiment hôtesse de l'air.

Concernant ce Rayan, «on n'avait pas grand-chose au départ…», concède la juge d'instruction qui porte le dossier Air Cocaïne à bout de bras. Un numéro de téléphone espagnol, une appétence pour le football et une description physique. Voilà les seuls éléments dont disposent alors les limiers de l'OCRTIS à la recherche de l'homme pour lequel Frank Colin a organisé les rotations transatlantiques. D'autres suspects vont en revanche être appréhendés dans les semaines et les mois qui suivent l'épisode de Punta Cana.

Ainsi, le douanier varois n'échappe pas aux filets de l'OCRTIS, qui peut compter sur le service régional de police judiciaire (SRPJ) de Marseille pour lui passer les menottes. Interpellé au Plan-de-la-Tour, dans les environs de Saint-Tropez, où il supervise la rénovation d'une maison familiale, François-Xavier Manchet est placé en garde à vue le 17 avril 2013. L'agent de la douane a non seulement fait ouvrir le portail de service de l'aéroport de Saint-Tropez, le 9 décembre 2012, mais il a aussi fourni à Frank Colin un formulaire administratif censé justifier l'entrée sur le territoire de la somme de 500 000 euros. « Je l'ai tamponné mais je ne l'ai sciemment pas signé », croit utile de préciser le fonctionnaire. L'organisateur des vols a utilisé ce document pour obtenir, le 20 décembre, un chèque de banque de 45 000 euros, libellé à l'ordre d'un club automobile très sélect, afin de financer l'acquisition d'un véhicule tout-terrain. Le fonctionnaire balaie les accusations : « Je n'ai en aucun cas participé à une association de malfaiteurs. [...] Je préférerais me tirer une balle dans la tête devant vous, ici, plutôt que de faire un trafic de drogue. » Commentaire d'un enquêteur : « On a l'impression qu'il fait les choses pour rendre service, qu'il n'a pas reçu d'argent dans l'opération. » Pourtant, une somme de

31 800 euros en espèces est saisie en 2013 par des policiers. « C'est de l'argent qui appartient à la famille, on faisait des travaux dans une propriété et tout le monde participait », justifie le mis en cause. Sur ce chantier familial, au Plan-de-la-Tour, le douanier paie les ouvriers en cash. Une enveloppe portant la mention « un peu d'argent de poche pour les petites cochonnes » sera également retrouvée dans un tiroir à son bureau du port de Brégaillon. « Mes collègues me l'ont offerte pour rigoler, pour mon anniversaire. » François-Xavier Manchet a également interrogé, dès le 20 mars, le fichier ROC (recherche orientée des contrôles) de la douane à la demande de Frank Colin. « Il n'a mis que "COLIN" et n'est pas allé plus loin », s'est-on assuré en interne. Mise en examen et case prison, le douanier connaît le même sort que son mentor.

Les policiers qui ne parviennent toujours pas à mettre un nom sur Rayan tiennent enfin une nouvelle piste au cours de l'été 2013. Le 24 août, un équipage de la brigade de recherche et d'intervention (BRI) de Montpellier, qui dépend comme l'OCRTIS de la police judiciaire, observe une transaction sur le parking d'un hôtel Campanile en périphérie de la ville-préfecture de l'Hérault. Depuis sa cellule de la maison d'arrêt d'Aix-Luynes, en juillet, Frank Colin a contacté un ami d'enfance pour lui demander d'aller récupérer une somme d'argent. Le lieu de rendez-vous est situé à deux bonnes heures de route de son domicile de La Seyne-sur-Mer (Var). « C'est moi qui conduisais parce qu'il n'avait pas de permis », se souvient l'épouse de ce loyal et vieil ami. On interroge celui-ci : « Vous vous souvenez de la somme qu'il y avait dans le sac ? – Non, je l'ai ouvert et j'ai regardé comme ça. » Cet artisan peintre remet le jour même le sac à la mère de Frank Colin. « Je crois que c'était un dimanche, il est venu, il avait un sac, il m'a dit : "C'est pour toi." Puis Frank m'a dit que c'était de l'argent qu'on lui devait, il m'a dit d'en donner une partie à [sa femme] … », confirme-t-elle.

« Il est connu que les trafiquants ont un devoir d'obligeance lorsqu'un exécutant est en prison, c'est un principe répandu », commente un officier de police judiciaire. Depuis le parking du Campanile de Montpellier, la BRI prend en filature l'homme qui a remis le cash « possiblement de la part du commanditaire ». L'automobiliste file vers le sud au volant d'un véhicule immatriculé à son nom. Stoppés par la frontière franco-espagnole au Perthus (Pyrénées-Orientales) à 15 h 30, les policiers français sont contraints de faire demi-tour. Il faudra attendre plus d'un an avant qu'un mandat d'arrêt soit délivré à l'encontre de cet individu susceptible d'être en lien avec l'insaisissable Rayan. Et encore plus de temps avant d'apprendre de la bouche de cet émissaire que le sac contenait 50 000 euros.

9

Frank Colin, l'homme sans limites

Quand le Falcon 50, mis au service d'un trafic de stups entre l'Amérique du Sud, la République dominicaine et la France, a été intercepté sur le parking VIP de l'aéroport de Punta Cana, le sol s'est dérobé sous les pieds de l'organisateur des trois rotations transatlantiques. Colin est alors à des milliers de kilomètres de la station balnéaire caribéenne et à la veille de son quatrième anniversaire de mariage.

Lui et le mystérieux commanditaire, Rayan, séjournent à La Farandole, le quatre-étoiles sur lequel ils ont jeté leur dévolu au bord de la Méditerranée. Ils n'ont pas beaucoup dormi après s'être fait remarquer au bar de l'hôtel. Rayan a même joué les prolongations dans un établissement de plage où les employés de La Farandole ont l'habitude de se retrouver après leur service. Les deux hommes, l'un vivant en Roumanie et l'autre en Espagne, ont fait le déplacement sur la côte varoise pour réceptionner les vingt-six valises embarquées à Punta Cana. Ils devaient les récupérer de la même manière que les énormes bagages en provenance de Puerto Plata qui avaient été transbordés sur le tarmac de l'aéroport de Saint-Tropez en décembre. Le coup de fil de Nicolas Pisapia, le passager de l'avion d'affaires, leur a fait l'effet d'une douche froide.

Il faut déguerpir. À l'aube de ce mercredi 20 mars 2013, Colin et Rayan se retrouvent devant la gare desservie par des trains grandes lignes la plus proche. Sur le parvis, une cabine téléphonique encore plongée dans la pénombre est utilisée avec une carte prépayée pour de brefs échanges avec un numéro dominicain et un autre espagnol. « On était à Toulon, lui est reparti pour l'Italie[73] », dilue Frank Colin. Si la police ne sait encore rien du passé criminel de celui qui se fait appeler Rayan, Frank Colin n'a en revanche pas l'envergure d'un grand voyou et ses jours de liberté sont comptés. La fine fleur de la branche anti-stups de la police judiciaire se met très rapidement sur ses traces. C'est le point de départ d'une course contre la montre perdue d'avance.

Selon son récit, Frank Colin prend un TGV pour Paris, puis un avion pour Bucarest où il a élu domicile dans les années 2000. Le jeune quadra est acculé. « Alors je gamberge : est-ce que je reste ? D'un côté je n'ai pas envie d'être arrêté devant mon fils et la mère de mon fils, mais d'un autre côté je n'ai pas envie de fuir. Donc je passe du temps avec mon fils et je retourne à Paris[74]. » De retour en France, dès le 24 mars, Colin va abattre ses dernières cartes. Le suspect a quelques heures, tout au plus quelques jours, pour tenter de renverser le cours des événements. Anticipant la possibilité d'un accroc dans le scénario du narcotrafic, l'organisateur des vols Air Cocaïne avait cherché à assurer ses arrières en complétant le casting du plan élaboré à Saint-Tropez avec d'autres personnages issus de son entourage. Ceux-là devaient jouer, à leur insu, un rôle de caution en lui fournissant une sorte d'alibi, ou du moins une étroite porte de sortie.

Trois de ses amis – Christophe Dominici, Olivier Jollin et Jed Wong – avaient opportunément reçu de troublantes confidences, alors que Frank Colin enrôlait le douanier Manchet et le passager Pisapia dans le projet Air Cocaïne. « Quelques mois avant que l'affaire éclate, il m'avait sollicité pour rencontrer des politiques. Il m'a dit avoir infiltré un réseau de trafiquants, révèle l'ex-rugbyman Christophe Dominici. Je me suis demandé s'il avait vraiment infiltré un réseau ou s'il s'était mis dans une mauvaise situation dont il souhaitait se sortir. » L'ancienne coqueluche du Stade français, lui-même confronté à des déconvenues lors de sa reconversion dans les affaires, n'a pas été d'un grand secours. De toute façon, son ami n'a pas vraiment insisté. « Moi, j'ai fait campagne pour Nicolas Sarkozy, mais quand vous demandez quelque chose à des politiques, ils ne sont plus là, je l'ai appris à mes dépens. Et puis le gouvernement a changé [en 2012, après la défaite électorale du président sortant], c'était un socialiste au ministère de l'Intérieur... Aller voir des gens pour exposer ça, c'était compliqué... »

Frank Colin a également instillé son scénario dans l'esprit d'Olivier Jollin, un homme d'affaires dont il était proche. « Un soir, en rentrant à la villa, il m'a confié qu'il voulait infiltrer et faire tomber un réseau de trafiquants. Il ne m'a pas parlé de stupéfiants, j'ai pensé à des armes. C'était fin juillet 2012, je ne comprenais pas pourquoi il me faisait cette confidence... », se rappelle ce témoin qui a fréquenté la maison de vacances louée par Colin dans les environs de Saint-Tropez. L'entrepreneur a immédiatement fait le rapprochement quand l'épisode de Punta Cana a été rapporté dans des articles de presse avec la photo des quatre Français alignés tout penauds, au pied du Falcon 50. « Je vois Alain Castany – je le connais – dans le journal *Le Parisien*, on parle aussi d'un Roumain, je pense alors à Frank Colin que je connais depuis plus d'une vingtaine d'années. J'essaie de l'appeler, il me dit : "Je rentre à Paris". » « On se retrouve au Fouquet's, près de mes bureaux. Il m'explique que c'est lui qui est à l'origine de tout ça, qu'il a rendez-vous dans l'après-midi au ministère de l'Intérieur... Dans l'après-midi, je reçois un appel de Frank un peu paniqué qui demande à rencontrer un homme politique. » Cette fois, Colin se montre beaucoup plus pressant.

L'ancien videur de boîte expatrié en Roumanie, qui n'a finalement jamais décroché de rendez-vous Place Beauvau, sollicite alors une autre connaissance, Thierry Wang Chin Chan dit « Jed Wong ». Ce DJ a été convaincu par son histoire d'infiltré. « Dès septembre ou octobre 2012, il m'a dit qu'il voulait rencontrer des flics... » À son retour précipité à Paris, Frank Colin obtient de cet ami une invitation pour la 13e édition de la « soirée des journalistes niçois ». C'est un peu le rendez-vous du gotha azuréen qui se déroule le 25 mars dans un restaurant d'Issy-les-Moulineaux, de l'autre côté du périphérique. Dress code rouge et noir, l'hymne *Nissa la bella* chanté à tue-tête après quelques verres de rosé… le premier étage du resto est transformé en ambassade folklorique et conviviale. Frank Colin, costume trois-pièces sans cravate, donne le change avec un sourire de façade. Outre des journalistes originaires de la cinquième ville de France, on y croise entre deux plateaux de pissaladières coupées en carrés le sourire d'une ancienne speakerine devenue conseillère municipale à Nice, le bagou du patron d'une marque de café implantée dans les Alpes-Maritimes, des écrivains, des animateurs de radio et de télé, un avocat spécialisé dans le droit routier… Colin parviendra à plaider sa cause auprès d'un membre du cabinet du directeur général de la police nationale. Ce brigadier ne croit pas au scénario de l'agent double servi par un Frank Colin aux abois. « Je n'ai pas rendu compte de cette rencontre, pensant que c'était un mytho. »

En désespoir de cause, alors que l'étau invisible des enquêteurs se resserre autour de lui, l'organisateur des vols Air Cocaïne se procure même le numéro de téléphone d'un agent de la Direction nationale du renseignement et des enquêtes douanières (la DNRED, membre du premier cercle des services de renseignements français). Ce douanier spécialisé est basé à La Rochelle. Un appel le 27 mars, un autre sans réponse au petit matin du 28 mars. « Ce fonctionnaire ne se souvenait d'aucune conversation, encore moins d'une rencontre », notent les magistrats qui supervisent l'enquête. Frank Colin est interpellé quelques heures après cette ultime et vaine démarche, alors qu'il cherchait à accéder à son coffre loué dans une agence de la Société générale à Puteaux

(Paris-La Défense). Il assure que sa Rolex a été volée par la police. Dans sa fouille, les enquêteurs trouvent également une carte et une plaque censées démontrer une appartenance à une officine antidrogue, voire à la police roumaine. Des accessoires de pacotille que le suspect avait présentés à ses interlocuteurs pour essayer de crédibiliser son alibi.

Le Français expatrié en Roumanie n'aura pas ménagé ses efforts pour tenter de sauver les apparences. Ses proches lui reconnaissent cette capacité à se dépasser pour parvenir à ses fins. Lui-même dit qu'il n'a « pas de frein[75] ». C'est dans l'ADN de cet homme, né le 17 novembre 1971, qui a grandi dans un quartier défavorisé de l'agglomération de Toulon. « On habitait une petite maison tranquille dans la cité Berthe [à La Seyne-sur-Mer], Frank était fier de s'être sorti de là. L'école, ce n'était pas son truc mais c'est un grand autodidacte. [...] Il a toujours eu l'ambition d'y arriver[76], témoigne sa mère, de dix-sept ans son aînée. Mon fils et moi on s'adore, je l'ai eu très jeune. Je l'ai élevé comme j'ai pu, je l'ai toujours soutenu et lui de même a toujours été là. C'est la seule personne à qui je me confie. » La maman se souvient de l'adolescent qui s'est présenté à l'examen de CAP conducteur « en chemise blanche », du premier costume dans lequel il a investi ses économies alors qu'il n'était pas encore majeur. Dans ce quartier empoisonné par la drogue et le chômage, le jeune Frank Colin et ses copains ont pris un autre chemin que celui du deal. « À Berthe, quand on voyait des jeunes fumer des joints, on leur arrachait la tête », confie un ami de jeunesse, bagarreur comme lui. « Le sport, c'était toute sa vie », retient la mère de Colin, dévastée par l'affaire Air Cocaïne. Vélo, foot et boxe. « Tout le monde veut se sortir de la cité par n'importe quel moyen, il y en a qui choisissent le trafic, moi c'était le sport[77] », résume Frank Colin. À l'école de la vie, « j'étais mon propre élève et mon propre professeur ».

Apprenti boulanger, déménageur… le futur organisateur des vols Air Cocaïne a tout fait pour ne pas avoir à embrasser une carrière de dealer et a fini par se faire une place dans le monde de la nuit. D'abord comme très jeune portier dans des boîtes de quartier, pas toujours bien fréquentées, autour de Toulon, ensuite au fameux VIP Room de Saint-Tropez. Le temple des nuits d'été, dont il a existé une version délocalisée en toute saison sur les Champs-Élysées à Paris, est prisé de personnalités venues de tous horizons. Sa rencontre avec un certain Marc Chouraqui lui a servi de tremplin. Ce fils d'un ex-dirigeant du groupe L'Oréal l'a employé à partir de 2002 comme garde du corps chèrement rémunéré. Direction la Roumanie pour assurer la sécurité de ce businessman un tout petit peu plus jeune que lui, parti à la conquête d'une Europe de l'Est succombant au chant des sirènes du libéralisme après l'effondrement du bloc soviétique. « Et voilà comment je suis arrivé un jour dans ce pays, en me disant, descendu de l'avion : incroyable, c'est la France d'il y a trente ans. J'avais le sentiment qu'il y avait tout à faire, à créer[78]. »

De l'autre côté de l'ancien rideau de fer, l'ambitieux agent de sécurité rapprochée ne quitte pas Marc Chouraqui d'une semelle, comme un multimillionnaire peut l'attendre d'un ange gardien avec lequel il s'aventure dans des territoires gangrénés par la criminalité organisée. Ce riche héritier est un personnage clé de la vie de Frank Colin. La proximité entre les deux trentenaires devient telle que le rôle du garde du corps s'élargit à celui de confident et finalement d'homme à tout faire du jet-setteur. Dans un récit autobiographique, Colin décrit la « vie à mille à l'heure[79] » menée par les deux Français de Bucarest. Ils rayonnent à travers les Balkans et l'Europe de l'Est jusqu'à Moscou. Et l'ancien gamin de la cité Berthe s'abandonne aux vertiges du luxe au fur et à mesure que Marc Chouraqui le couvre de cadeaux hors de prix. Bien immobilier, voitures de sport, montres de luxe, costumes, grands restaurants. Frank Colin est même associé à quelques affaires dans lesquelles son mentor investit. Il est happé par un monde qu'il s'était jusque-là contenté d'observer sous les stroboscopes du VIP Room ou dans l'ombre des personnalités qu'il a escortées. « Je voulais me limiter à mon premier métier mais j'étais en même temps tenté de changer d'univers et de faire comme [Marc Chouraqui] des affaires, de monter des sociétés. Même lorsque tu es bien loti, tu désires avoir plus, surtout si tu as le sentiment que c'est là, à ta portée. »

La presse people roumaine s'intéresse à Marc Chouraqui quand il s'affiche au bras de starlettes du paysage audiovisuel roumain. Le trentenaire bien né multiplierait les conquêtes féminines comme il collectionne les berlines. Il est surnommé « l'amant milliardaire[80] » ou « le prince de Dorobanti[81] », du nom d'un quartier huppé de Bucarest. Il serait « l'homme dont rêvent presque toutes les femmes de la société mondaine de la capitale ».

«Le Français a la réputation d'offrir à chaque petite amie une voiture de luxe dès les premiers jours de leur relation.» Son nom est également cité dans un interminable scandale politico-financier autour de la privatisation d'un terrain de la capitale de la Moldavie, un pays géographiquement et culturellement très proche de la Roumanie. Vendue en 2007 aux enchères pour l'équivalent d'environ 4 millions d'euros[82], cette parcelle idéalement située dans le centre-ville de Chisinau abrite le «Cimetière des Héros», où reposent des victimes des deux guerres mondiales. L'acte de vente n'aurait pas mentionné cet obstacle à l'édification d'un centre commercial. À cette époque, Frank Colin, qui s'imagine être en mesure de voler de ses propres ailes, et Marc Chouraqui se brouillent pour des raisons jamais formellement éclaircies. «Frank pensait être le plus malin et a essayé de me doubler sur plusieurs contrats d'affaires sans y parvenir. [...] Il essayait de s'identifier à moi et avait un énorme besoin de reconnaissance[83].» Leur séparation est scellée par un contrat comportant une clause de confidentialité.

Frank Colin aura tiré plus de 1,5 million d'euros de sa vie quasi commune avec Marc Chouraqui, dont il s'est également inspiré dans son rapport aux femmes. «Tous les soirs, je sortais en ville et je rentrais chez moi… jamais seul[84]», écrit-il dans un message pas très élégant adressé publiquement à une ancienne liaison, animatrice de télévision. Le nouveau riche papillonne ainsi jusqu'au jour où il tombe vraiment amoureux d'une autre célébrité roumaine… rencontrée à Saint-Tropez. «C'était il y a dix ans, ce sont des amis communs qui nous ont présentés l'un à l'autre. On s'est mariés trois mois après. [...] Sa vie ressemblait à un film, il m'a raconté qu'il lui était arrivé de dormir dans des gares. Il apprenait le roumain, parlait l'anglais. Il était ambitieux, témoigne en 2019 Maria Marinescu, pur produit de l'intelligentsia bucarestoise. Il m'a très bien traitée. Il faisait très attention à moi, m'offrait des fleurs, me tirait la chaise, m'enlevait mon manteau… »

« Il a essayé de s'adapter à mon monde. [...] Mon père était chirurgien, maman artiste, mon beau-père ambassadeur, j'ai un grand-père pédiatre, une grand-mère actrice… », énumère cette créatrice de mode, diplômée d'une grande école de design new-yorkaise dont le campus se situe dans le quartier emblématique de Greenwich Village. Le beau-père qu'elle évoque est bien plus qu'un diplomate. Mihai Bujor Sion est considéré comme le fils adoptif de l'ancien président Ion Iliescu, figure de la révolution de 1989. Celui-ci avait pris Mihai Bujor Sion sous son aile, sans formalité d'adoption, à la mort de ses parents dans un crash d'avion au mitan des années 1970.

La grand-mère maternelle de Maria Marinescu était quant à elle comédienne. « Corina Constantinescu a été l'une des grandes beautés et l'un des grands talents du théâtre et du cinéma roumains, qui lui doivent de nombreux succès[85] », peut-on lire en 2008 dans une nécrologie. Cette actrice avait transformé sa maison en salon fréquenté par des érudits, des artistes, des gens de lettres... Une sorte de mini Saint-Germain-des-Prés roumain. « Elle a construit une bibliothèque de plus de 3 000 livres, dont elle était très fière et qu'elle considérait comme la chose la plus précieuse de la maison », souligne sa fille, Ioana Pavelescu, elle aussi devenue actrice avant de se remarier avec Mihai Bujor Sion, alors conseiller à l'ambassade roumaine aux États-Unis. La mère de Maria Marinescu a transmis cette passion pour la culture à ses enfants. « Ionuţ et Maria ont grandi dans cette atmosphère artistique. [...] Maria, douée pour la peinture depuis l'enfance, était considérée par mon oncle, le peintre Paul Gherasim, comme ayant une vraie grâce. Il l'a aidée lors de ses études au lycée des beaux-arts Nicolae-Tonitza de Bucarest[86]... » Rien ne prédisposait Frank Colin à intégrer cette famille aux prises avec l'histoire, la politique et la culture roumaines, dont les vicissitudes continuent de noircir les pages de la presse à scandale. Comme celles de la famille royale britannique alimentent inlassablement les tabloïds anglais.

« Ils étaient très compatibles, Frank Colin m'a fait une très bonne impression », se souvient le père de Maria Marinescu, un chirurgien de renom à la retraite. Les fiancés se marient civilement le 21 mars 2009, en petit comité, dans une mairie de secteur à Bucarest. La cérémonie religieuse se déroule en France au mois de juin. Selon la presse people roumaine, 150 à 200 convives se retrouvent dans les jardins du Pavillon de musique de la comtesse du Barry, une demeure d'exception surplombant la Seine, dans le département des Yvelines, non loin de Paris. Un mariage de conte de fées. « Émue mais sûre d'elle, Maria arrive à l'autel au bras de son père, le docteur Ion Marinescu, accueillie par des applaudissements. Frank souleva son voile et l'embrassa amoureusement. La cérémonie, présidée par un prêtre catholique, était un rêve pour Maria, qui avait un bouquet de lys impériaux soigneusement choisis. Il semble que les fleurs soient ce qu'elle aime le plus, et Frank a su l'impressionner[87]. »

Le couple attend un heureux événement dès 2010. « J'ai dû rester alitée pendant plusieurs mois, j'ai fait une dépression. Frank a arrêté de travailler, il me portait dans ses bras. [...] Je pense que peu d'hommes auraient eu de telles attentions. Ça faisait partie des qualités qui m'ont fait l'aimer », confesse Maria Marinescu. Après la naissance d'un petit garçon le 22 décembre dans une clinique privée à Vienne en Autriche, Frank Colin, qui n'a pas vu grandir ses deux premiers enfants issus de précédentes relations, montre le visage d'un père aimant. « Si le petit était fiévreux, Frank passait la nuit à son chevet. Je ne peux rien lui reprocher de ce côté-là. [...] Il aime énormément son fils. » Consciente du fossé culturel qui la sépare de son mari, Maria l'incite à changer son mode de vie : « Je lui conseillais de lire, de lire beaucoup, afin qu'il puisse apporter des choses à notre fils. J'ai eu cette expérience avec mes parents et pour cela je les admirais beaucoup. Je souhaitais la même chose pour notre enfant. Il fait du piano, j'essaie de lui inculquer des valeurs. Il est très intelligent, très éveillé et va dépasser le niveau de son père en matière de créativité… »

Le Frenchie se plie en quatre pour satisfaire aux besoins de son foyer et respecter les codes de son nouveau milieu social. Il veut offrir une voiture à son épouse. « Il connaissait ma vie d'avant mais je n'étais pas demandeuse de cela et je l'ai refusée. [...] Je ne crois pas qu'il s'agissait d'un complexe, je pense que c'était une façon de montrer que quiconque vient d'en bas peut

10

Rayan, l'insaisissable commanditaire

Qui est ce mystérieux Rayan, qui parvient à échapper à la police pendant plus de six ans ? En France, l'identification et la localisation du commanditaire des vols transatlantiques ne sont pas une mince affaire. Le narcotrafiquant qui s'est associé à Frank Colin au cours de l'été 2012 est devenu la figure centrale d'une énigme que les policiers de l'OCRTIS, qui ont pris le relais des gendarmes, ne parviennent pas à résoudre.

« Ce personnage, je l'ai vu cinq ou six fois, c'est quelqu'un d'Espagne[91] », élude Frank Colin, qui lui n'a pas tardé à se faire prendre à la sortie de sa banque dans le quartier de La Défense. Il essaie même de noyer le poisson dans une variante elliptique : « C'est un contact russe qui nous a mis en relation mais lui n'est pas russe. Il vivrait en Italie, au total on s'est rencontrés six ou sept fois[92]. »

Ses versions fluctuent, mais l'organisateur des vols de l'affaire Air Cocaïne tient bon. Il ne lâche rien d'autre que les pseudonymes du mystérieux donneur d'ordre : « Daryan » ou « Rayan ». Frank Colin ne connaît peut-être pas les vrais nom et prénom de cet associé, mais il ne fait rien pour mettre les enquêteurs sur une bonne piste. « Après son interpellation, Colin se dit homme d'affaires, il dit qu'il a mis en relation Rayan, qui cherchait un avion pour des footballeurs professionnels ou des personnalités du show-biz, avec [le courtier en voyage d'affaires] Alain Castany », résume un enquêteur. Si une règle tacite veut que les narcotrafiquants prennent soin de leurs affidés en prison, par exemple en aidant financièrement leurs familles ou en participant aux frais d'avocat, en retour leurs obligés ne doivent pas se montrer trop bavards. D'autant que l'univers carcéral n'est pas un havre de paix. « J'ai reçu des coups de fourchette dans le ventre[93] », se plaint Frank Colin. Des détenus, mal renseignés par les premiers articles de presse, l'ont pris pour un jet-setteur riche à millions.

Comment mettre la main sur ce commanditaire insaisissable ? D'abord, il faut revenir aux principales données de l'enquête, afin de circonscrire le périmètre de l'affaire Air Cocaïne. En somme, trois vols suspects sont dans le viseur des enquêteurs : Puerto Plata en décembre 2012 avec dix valises débarquées à Saint-Tropez, le voyage à vide entre Quito et Saint-Tropez en mars 2013 et le spectaculaire épisode des vingt-six valises de coke saisies à Punta Cana quelques jours plus tard. Si Rayan manque à l'appel, le casting des mis en cause prend rapidement forme. Frank Colin est mis en examen et placé en détention provisoire le 3 avril 2013, après une garde à vue d'une durée exceptionnelle (près de six jours). Son ami douanier, François-Xavier Manchet, connaît le même sort le 18 avril. Les deux pilotes du Falcon 50, au profit de l'entourage familial de Frank Colin. Une partie de cet argent aurait même servi à régler les honoraires, en espèces, d'un éphémère avocat (Frank Colin en a essoré quelques-uns avant de trouver chaussure à son pied). Avec cet épisode, les policiers tenaient une piste solide mais « il n'y a eu aucun retour de l'OCRTIS », regrette Christine Saunier-Ruellan, juge d'instruction de la juridiction interrégionale spécialisée (JIRS) de Marseille.

À l'été 2014, le dossier comporte neuf Rayan potentiels, dont ce contact dans le répertoire téléphonique de l'organisateur des vols : « Depuis mon enfance, tout le monde m'appelle Rayan, c'est mon deuxième prénom. Frank Colin, c'était une relation cordiale, on s'est croisés trois fois dans le sud de la France. À l'époque, au début des années 2000, il travaillait dans un club. En 2012, c'est la dernière fois que je l'ai croisé, c'était sur un parking, il était avec sa femme, on a parlé quelques minutes. Il m'a demandé mon numéro... » Et voilà comment ce quadra, trader en région parisienne, a été placé sous surveillance. « Tous les Rayan qui ont pu apparaître, on a vérifié s'il y avait un lien », assure un enquêteur.

Le coup de théâtre viendra finalement d'Espagne. Le 16 octobre 2014, un chargement de 420 kilos de cocaïne est intercepté à Tarragone, sur la côte catalane. La drogue a été débarquée dans le port de Barcelone. Elle a voyagé dans des sacs de sport depuis le Pérou à bord d'un navire transportant des conserves de poisson. Cette affaire « Mer Cocaïne » n'a pas fait de vagues en France. Pourtant, parmi les huit personnes interpellées figurent cinq Français, présentés par la presse espagnole comme des membres d'un «dangereux gang de la mafia marseillaise[97]»... C'est peut-être aller un peu vite en besogne, mais des armes de guerre sont saisies.

Le hasard fait bien les choses. L'antenne de Marseille de l'OCRTIS a été associée à cette opération de la police espagnole. «En débriefant les opérations avec mes effectifs qui y avaient assisté, j'ai fait le rapprochement [avec l'affaire Air Cocaïne], assure le numéro 3 de l'OCRTIS. Une pièce d'identité au nom de Rayan Hanouna, des photos avec [un footballeur professionnel]. Tout ça nous a fait faire le rapprochement.» L'individu s'appelle en réalité Ali Bouchareb : il est déjà recherché en France pour exécuter une peine de 9 ans de prison pour un trafic de résine de cannabis. «On a été interpellés vers 15 heures par plus de 80 policiers. Une fois qu'on a été mis à terre et attachés, la police française est venue. On m'a mis en garde à vue à Tarragone, raconte le narcotrafiquant qui apprend qu'on lui impute le rôle de commanditaire dans l'affaire Air Cocaïne. Vous me parlez comme si j'étais le chef de tout, je m'imagine comme dans une série Netflix.»

Un autre élément de la procédure espagnole a également pesé lourd dans la procédure ouverte à Marseille contre Ali Bouchareb. Un morceau de papier griffonné, saisi en perquisition, comportait le nom et l'adresse d'une station-service réservée aux poids lourds et située à quelques kilomètres de l'aéroport de Saint-Tropez. «Je pense que c'est l'endroit où la marchandise [du premier vol] a été dispatchée», affirme un gendarme, fort d'éléments de géolocalisation. Cette marchandise a vraisemblablement changé de main à cet endroit. Confronté à cet élément à charge, Ali Bouchareb avait crié au complot policier en niant avoir détenu ce bout de papier. Et il aura fallu attendre le premier procès d'Aix-en-Provence pour que ses avocats puissent démontrer à l'audience de la cour d'assises que cette pièce ne provenait effectivement pas de la perquisition du domicile barcelonais de Bouchareb. Un vrai coup de théâtre. L'indice compromettant se trouvait dans le logement d'un complice présumé, parmi les cinq Français interpellés à Tarragone. En Espagne, les documents issus des deux perquisitions ont été mélangés dans un même carton et les enquêteurs n'y ont vu que du feu. « [Cet homme] n'a jamais été interrogé [dans le dossier Air Cocaïne], il n'a pas été inquiété et il est reconnu par une hôtesse d'accueil d'un hôtel de Punta Cana », s'étrangle Frank Berton, l'un des avocats de Bouchareb. « Si je l'avais su… Ça veut dire que ce monsieur, on serait allés le chercher… », réagit l'enquêteur de la gendarmerie.

La justice est manifestement passée à côté d'un suspect qui aurait pu compléter la bande organisée mise au jour dans l'affaire Air Cocaïne. « Son nom m'était familier... C'était un beau mec, il était recherché par la PJ de Marseille et avait tout à fait l'envergure pour importer des stupéfiants », concède un ancien responsable de l'OCRTIS. S'il n'a pas été compromis dans l'affaire Air Cocaïne, ce Français était dans les radars d'une enquête sur un autre projet d'importation de coke, précise-t-il.

Mais alors qui est Ali Bouchareb, alias Rayan ? Pendant les vacances de l'été 2012 à Saint-Tropez, alors qu'il rencontre pour la première fois son futur complice

Frank Colin, Ali Bouchareb a une bonne raison de vivre sous une fausse identité. Il est visé par un mandat d'arrêt depuis une condamnation à 9 ans d'emprisonnement et à 100 000 euros d'amende dans un dossier d'importation de cannabis[98]. Bouchareb y a joué un rôle prépondérant. Il a fait le voyage jusqu'à Casablanca pour passer une commande de haschich. Quelques jours plus tard, à l'aube du 7 février 2007, la drogue était livrée à Saint-Étienne (Loire) avant d'être écoulée dans les environs de Clermont-Ferrand (Puy-de-Dôme). Amortisseurs du véhicule de transport rehaussés, voiture ouvreuse, cabines téléphoniques, messages codés... l'opération impliquant une douzaine de personnes a été soigneusement préparée.

Ali Bouchareb et ses complices ont été interpellés quelques heures après cette livraison, au moment de la transaction censée clore l'épisode. La police a mis la main sur 62 liasses de billets, presque équitablement réparties entre un sac Ikea et une valise mal fermée. Soit très exactement la somme de 600 610 euros correspondant à près de 0,5 tonne de résine de cannabis. L'enquête de la police judiciaire (PJ) de Lyon a aussi permis de déterrer 409 050 euros dans le jardin d'une proche d'Ali Bouchareb. Celui-ci était jusque-là considéré comme un délinquant sans envergure. Le commissaire Michel Neyret, « super flic » pas encore tombé en disgrâce, n'avait pas manqué d'assurer le service après-vente de cette « belle affaire[99] ».

Sans attendre son procès en appel en 2010, et à la faveur d'une remise en liberté arrachée par un ténor du barreau de Lyon[100], la figure montante du narcobanditisme local a mis les voiles vers un pays étranger. Ali Bouchareb a laissé derrière lui le quartier qui l'a vu grandir à Firminy, dans la banlieue de Saint-Étienne. Une décennie plus tard, lui et l'un de ses frères cadets formeront un duo classé par l'Office anti-stupéfiants (OFAST) dans la liste des vingt-cinq plus gros narcos français[101].

Ali Bouchareb a choisi l'Espagne pour mener sa vie clandestine. « Je suis parti avec 25 000 euros en 2009. J'étais à Valencia de 2009 à 2011, je louais un appartement à 800 euros. J'ai fait quelques véhicules de luxe et rendu des services... », raconte Ali Bouchareb, assurant s'être reconverti dans l'achat-revente de voitures. Pour couvrir sa cavale, il s'est procuré des faux papiers : « Je dirais qu'une pièce d'identité, ça vaut 700 euros, une carte de sécurité sociale 100 euros. » De quoi faire sourire le juge expérimenté qui l'interroge : « Les prix sont cassés en Espagne ! » Ali Bouchareb, muni d'une carte d'identité contrefaite au nom de Rayan Hanouna, a fini par s'installer dans une villa avec piscine à Sant Just Desvern, sur les hauteurs de Barcelone. La résidence, ceinturée par un mur de briques rouges, a été construite dans un quartier résidentiel grignotant la forêt du parc de Collserola, une réserve naturelle qui s'efforce de résister à la pression immobilière, forte dans ce coin prisé de Catalogne.

Même sa propre compagne ne connaissait pas les vrais nom et prénom d'Ali Bouchareb, assure-t-elle prudemment[102]. Pour elle, c'était Mehdi Yaya et non Rayan. Cette serveuse d'origine cubaine et Bouchareb se sont connus à la terrasse du café barcelonais où elle travaillait. En 2012, le fugitif avait l'habitude d'y prendre son petit déjeuner. Café au lait et jus d'orange. La jeune femme s'est installée chez lui, ils auront deux enfants. Elle décrit son concubin comme quelqu'un de secret, susceptible de disparaître pendant plusieurs jours sans donner de nouvelles. « Il disait qu'il n'avait plus de batterie. » Le conjoint fuyant n'utilise pas de carte bancaire non plus. Et le couple, qui n'a ni compte joint ni amis communs, sort peu. Selon un homme qui lui a vendu un chien de protection – baptisé Falcon –, « Rayan habitait un beau quartier dans une grosse maison avec ascenseur[103] ». Il se déplaçait aussi au volant d'une Bentley[104].

Commentaire de l'intéressé : « Je m'absente un ou deux jours ? Ben oui, je suis recherché pour 9 ans de prison. Personne ne sait rien. [...] Je regarde les véhicules, je regarde les appartements… Tous les ans j'en changeais. Il n'y a rien de déclaré, c'est compliqué[105]. » Le narcotrafiquant s'indigne quand il est confronté aux témoignages de deux agents immobiliers, entendus en Espagne, évoquant des projets d'investissements dans la pierre. « Je suis clandestin, je n'ai pas de papiers, je n'ai rien acheté. On est des gens normaux, des Français moyens[106]. »

L'insaisissable Bouchareb effectue un dernier pied de nez à la justice française, à la faveur d'une incroyable remise en liberté sous caution (60 000 euros), le 2 avril 2015, par les autorités espagnoles alors que les juges marseillais le réclament. « En Espagne, c'est tout à fait normal, la France est le pays le plus répressif d'Europe », plaide-t-il. De quoi repousser d'un an son retour forcé en France. Sa nouvelle cavale s'interrompt sur une route barcelonaise, lors d'un contrôle routier le 22 avril 2016, un mois après le départ du commissaire divisionnaire François Thierry, patron de l'OCRTIS, aux méthodes controversées[107]. Une coïncidence parmi tant d'autres dans cette affaire tentaculaire. Et cette fois, Bouchareb, alias Rayan, sera livré aux autorités françaises dès le mois de juin.

11

L'histoire s'arrête à Aix-en-Provence

Le lundi 18 février 2019, la sonnerie qui annonce l'entrée des juges, attendue à partir de 9 heures, retentit à 10 h 10. « La cour ! » Un huissier à l'allure sympathique fait se lever la salle. Il n'y a pas de jurés populaires, seulement des magistrats qui s'installent dans des fauteuils surplombant la salle, visiblement bien plus confortables que les bancs du public. Trois fenêtres en demi-lune laissent entrer un peu de lumière du jour. Les murs sont si épais que certains portables sont coupés du monde.

Lorsqu'il est commis en bande organisée, le trafic de stupéfiants ne constitue plus un délit mais un crime. Et ce crime fait partie des infractions jugées exclusivement par des professionnels, au même titre que les actes terroristes ou les atteintes aux intérêts fondamentaux de la nation. Dès lors, on parle d'une « cour d'assises spéciale » (ou « spécialement formée »). En matière de stups, la peine maximale encourue est de 30 années d'emprisonnement, la perpétuité en cas de récidive. « L'audience est ouverte, vous pouvez vous asseoir. »

Le procès de l'affaire Air Cocaïne débute à Aix-en-Provence plus de six ans après le premier vol, entre Puerto Plata et Saint-Tropez.

Dans la « ville aux mille fontaines », tous les chemins mènent au quartier du Palais comtal de Provence. Depuis la place dite « de la Rotonde[108] », aux portes du centre historique, on remonte une enfilade de terrasses et de commerces sur le flanc gauche de l'emblématique cours Mirabeau. Et l'on finit par s'engouffrer dans une ouverture discrète, trop étroite pour que deux personnes s'y croisent, percée dans un alignement d'immeubles bourgeois. Ce goulot s'ouvre sur le passage Agard, une ruelle partiellement couverte. Après quelques dizaines de mètres, quelques marches hissent le passant sur la vaste place de Verdun. Elle est dominée par un majestueux palais de justice trônant en lieu et place de ce qui fut le Parlement de Provence. Une ancienne prison attenante a été transformée à la fin du XXe siècle en une seconde enceinte judiciaire moins imposante. C'est le palais Monclar, un carré de 50 mètres de côté avec une cour intérieure creusée dans le sous-sol. Ce patio n'est pas accessible au public. Le procès de l'affaire Air Cocaïne se tient au rez-de-chaussée. On y accède en empruntant une longue et large passerelle posée au-dessus du patio. Tous les accusés sont libres sous contrôle judiciaire, sauf le commanditaire Ali Bouchareb transféré par fourgon cellulaire. Lui encourt la prison à vie.

Ironie de l'histoire, ce bijou du patrimoine judiciaire a été bâti, dans le premier tiers du XIXe siècle, selon des bases posées avant la Révolution par l'architecte néoclassique Claude-Nicolas Ledoux. Ce contemporain de Louis XV avait également dessiné le Pavillon de musique pour une favorite du roi, à Louveciennes près de Paris, à l'endroit même où Frank Colin s'est marié en grande pompe en 2009. Dix ans plus tard, l'organisateur des vols Air Cocaïne traverse, impassible, la passerelle qui enjambe la cour du palais Monclar. Un visage moins poupon, et même endurci, des lunettes de vue et une barbe naissante poivre et sel – finement taillée – trahissent les effets du temps. Avec sa coupe de cheveux millimétrée (on parle d'un « dégradé à blanc »), Frank Colin porte une écharpe noire, un costume trois-pièces, une cravate et un sac à dos kaki en bandoulière. L'homme qui montait sur des rings de boxe adolescent est prêt à affronter ses juges et ses coaccusés. Il est le maillon qui fait l'interface entre le narcotrafiquant Ali Bouchareb, alias Rayan, à la recherche d'un moyen de transport de cocaïne, et Alain Castany, le broker en voyages d'affaires qui déniche la compagnie aérienne SN-THS. Frank Colin est aussi celui qui a entraîné dans cette histoire des membres de son entourage, le douanier Manchet et le passager Pisapia. Un troisième ami, Henri Bartolo, est lui aussi mis en accusation devant la cour d'assises.

C'est dire si le Français expatrié en Roumanie tient un rôle prépondérant. Et pourtant, Frank Colin fend le petit attroupement de journalistes, d'avocats et de curieux qui s'est formé sur la passerelle du palais Monclar dans une certaine forme d'indifférence. Les pilotes de SN-THS, auréolés de leur rocambolesque fuite après leur condamnation à Saint-Domingue, lui ont volé la vedette depuis longtemps. Pascal Fauret et Bruno Odos sont les stars du procès Air Cocaïne. Leur comité de soutien a fait un battage médiatique efficace dès les premières semaines qui ont suivi l'épisode de Punta Cana en 2013. Des parlementaires de tous bords et un ministre en exercice ont même pris position en leur faveur. Les deux vétérans peuvent aussi compter sur le soutien de leurs familles et d'anciens gradés de l'armée. À leur retour précipité en France, ils ont trouvé un avocat à la mesure de leur fâcheuse notoriété. Et lui, pour se rendre au palais Monclar, ne s'embarrasse d'aucun détour dans le centre-ville labyrinthique d'Aix-en-Provence. Le bouillonnant Éric Dupond-Moretti est capable de débarquer au guidon d'une Harley-Davidson pétaradante après avoir traversé la région d'est en ouest. Son domicile niçois n'est qu'à deux heures d'autoroute.

Le célèbre pénaliste est un habitué de la juridiction aixoise, capitale historique du droit dans la région Provence-Alpes-Côte d'Azur[109]. Il est comme à la maison dans l'incontournable brasserie Le Forum, café-restaurant le plus proche du palais, au point d'allumer sa cigarette au comptoir et de se montrer familier quand il s'adresse à l'imperturbable maîtresse des lieux. Quand s'ouvre le procès Air Cocaïne, les murs du palais Monclar se souviennent encore de l'engueulade qui a éclaté quelques mois auparavant, en marge du procès de l'affaire Pastor[110], entre la bête noire des prétoires et l'avocat général Pierre Cortès. Sur la passerelle du tribunal, « EDM » revient sur cette altercation avec des mots crus qui font rire son auditoire et feraient siffler les oreilles de son redoutable contradicteur. Les deux monstres judiciaires se sont déjà frottés l'un à l'autre par le passé. Cette fois, il n'y aura pas de match retour. Éric Dupond-Moretti va plaider l'acquittement des pilotes en première instance face à un autre procureur. « Vous les croyez assez cons pour faire du trafic de stupéfiants ! ? » Pierre Cortès accablera les pilotes seulement en appel, en 2021, face à un autre avocat. « Les pilotes se sont mis dans un état d'aveuglement qui traduit une complicité par permissivité. »

Entre-temps, Éric Dupond-Moretti est devenu ministre de la Justice et a quitté la robe. On ne l'entend plus perturber les audiences avec ses grommellements exaspérés, on ne le voit plus froncer les sourcils et jeter du vitriol sur les juges. Nouvelle facétie de l'histoire, le nouveau garde des Sceaux signera l'arrêté « portant admission à la retraite[111] » de son meilleur ennemi en Provence, l'avocat général Cortès, quelques jours après les acquittements en appel de Pascal Fauret et de Bruno Odos. Et c'est sous son ère que la juge d'instruction qui a porté quasiment de bout en bout la procédure Air Cocaïne sera promue à la cour d'appel de Lyon[112]. Au premier procès d'Aix-en-Provence, l'avocat Dupond-Moretti n'avait pas hésité à faire citer comme témoin cette magistrate pour la soumettre à un interrogatoire aux frontières de l'humiliation. « Est-ce que vous vous êtes intéressée au nombre des valises [saisies à Punta Cana], aux échantillons de drogue ? Pourquoi ne pas avoir compté les valises ? Pourquoi ne pas avoir demandé des échantillons ? Pourquoi ne pas avoir fait en sorte qu'un expert de la cour d'appel examine ces échantillons ? [...] Qu'est-ce qui permet d'affirmer que de la cocaïne a été transportée ? — Je ne suis pas rentrée dans la procédure dominicaine, le flagrant délit de Punta Cana ne me concernait pas», a rappelé Christine Saunier-Ruellan, alors que le volet français de l'affaire s'était focalisé sur le vol antérieur de Puerto Plata et sur la chaîne logistique mise en place de ce côté-ci de l'Atlantique.

Et Me Dupond-Moretti de dénoncer plus globalement «des choix procéduraux qui me paraissent relever de la faute lourde». La mise en examen des pilotes jusque-là placés sous le statut plus favorable de témoins assistés, alors qu'ils étaient incarcérés en République dominicaine : «Quels étaient les indices graves et concordants, quels étaient les éléments nouveaux ?» Les interpellations des pilotes clandestinement rentrés en France : «On vous a écrit qu'ils étaient à votre disposition et vous les avez arrêtés comme des voyous.» Les déferrements des désormais célèbres suspects devant un juge de la liberté et de la détention : «La mauvaise foi ne se présume pas. Vous écrivez qu'en participant à la médiatisation, ils troublent l'ordre public. Vous écrivez : “Oui, il y a des risques d'évasion.” Mais comment avez-vous pu prendre une ordonnance pareille ?»

Dans le sillage des pilotes, à l'ouverture de ce procès de 2019, se succèdent leurs anciens patrons jusque-là inconnus du grand public. Pierre-Marc Dreyfus, ancien P-DG de SN-THS, franchit le portique de sécurité du palais Monclar sous l'œil des caméras et le crépitement des flashs avec des airs de dandy et une décontraction seulement apparente. «De toute ma vie, je n'ai jamais mis les pieds dans ce haut lieu de la République qu'est un palais de justice. C'est intimidant. Ça remue les tripes[113].» Son ex-associé Fabrice Alcaud peine, quant à lui, à masquer une évidente fébrilité. Le quadragénaire au regard fuyant semble ployer sous le poids des charges qui pèsent contre lui et Pierre-Marc Dreyfus. Importation de cocaïne, blanchiment, participation à une association de malfaiteurs... Alcaud se livre à l'exercice du *walk of fame* sur la passerelle du palais un bon mètre cinquante derrière ses défenseurs, Mes Céline Astolfe et Hervé Oliel.

Le douanier François-Xavier Manchet entre à son tour dans l'enceinte judiciaire comme un grand dadais, solidement arrimé à son avocat Thierry Fradet. Du chef cuisinier Christophe Leroy à l'ancien ministre Hubert Falco, cette figure du barreau de Toulon collectionne les clients de prestige. Une étiquette qui ne colle pas à François-Xavier Manchet, mais il ne faut pas trop se fier à son look hirsute et à son allure débonnaire. Le douanier, de la même manière qu'il s'était fondu dans le paysage de l'aéroport du Golfe de Saint-Tropez, va sympathiser en quelques jours avec les personnels du tribunal. À force d'anecdotes inconsistantes partagées avec les « collègues » de la sécurité et de petites blagues disséminées çà et là, le fonctionnaire sociable ferait presque oublier son statut d'accusé. Les mauvaises langues soulignent que Manchet est le plus gros quotient intellectuel de l'affaire Air Cocaïne. Aux alentours de 125, selon une expertise psychologique. L'avocat d'un coaccusé le surnomme « Keyser Söze », ce personnage manipulateur du film culte *Usual Suspects* (1995). François-Xavier Manchet est « quelqu'un de gentil mais pas naïf », dit-on dans son entourage. Un vrai-faux benêt.

Le casting des accusés est complété par deux hommes plus effacés. Henri Bartolo, proche de Colin et patron déchu d'une boîte de nuit, est jeté dans l'arène judiciaire comme une bête apeurée dans une partie de chasse. Les yeux bleus et rougis de ce quinquagénaire agrippé à sa jeune compagne traduisent une frayeur non feinte. Il est là pour avoir demandé à Frank Colin de l'aider à couvrir une fraude fiscale, sans imaginer qu'il s'adressait à l'organisateur des vols Air Cocaïne. « Pourquoi n'êtes-vous pas allé chercher cet argent en Suisse ? le questionnera son avocat Romain Callen. — J'avais peur de traverser la douane… » Sa proximité avec Frank Colin l'a fait basculer dans le camp des mis en examen. Il est le seul accusé à avoir échappé à la détention provisoire. « Je suis malheureuse pour lui. Le fait d'être associé à cette affaire, il ne se remet pas de ça. Tout le monde parlait en bien d'Henri, c'est quelqu'un de droit. Il n'a pas sa place ici, vraiment, selon son ex-compagne. Il était très économe, on n'a jamais vécu au-dessus de nos moyens. [...] C'est quelqu'un de timide, réservé et discret. »

Presque aussi discret que Michel Ristic – 100 kilos, 1,80 mètre et une cicatrice sur un crâne parsemé d'implants capillaires. Lui réussit l'exploit de parvenir jusqu'à la salle d'audience sans se faire remarquer. Pour le coup, cet homme invisible ferait aussi un bon « Keyser Söze » en jean et polo à manches longues bleu. Arrivé après tout le monde, il arpente la passerelle du palais Monclar lestée de journalistes indifférents. Il pousse l'une des hautes portes vitrées du bâtiment, se présente au poste de contrôle et passe le tourniquet qui sépare le scanner de bagages à rayons X du reste du hall, sans éveiller la curiosité des caméras. Il se fond dans la foule qui patiente et, quand la porte de la salle de la cour d'assises est ouverte, est installé par l'huissier sur l'un des sièges réservés aux accusés. Ni au premier, ni au troisième et dernier rang. Il est accusé d'avoir tenu le rôle de Marco, l'homme de main de Rayan, au volant de l'un des véhicules chargés à l'aéroport de Saint-Tropez avec des valises de Puerto Plata. « Non, je ne connais personne ici », répondra Michel Ristic lors de sa première intervention.

Sept semaines d'audience, onze accusés, une centaine de témoins… le dossier qu'il a fallu transporter dans la salle d'audience est fait de 89 tomes de paperasse, soit autant de chemises extensibles à sangle jaunes, comportant en tout 62 000 cotes (références). L'affaire Air Cocaïne est vertigineuse. À l'image de l'enquête judiciaire qui la précède. Quelque 390 000 communications ont été passées au filtre de l'analyse criminelle. Plusieurs commissions rogatoires internationales, autrement dit des actes de procédure à l'étranger, ont également été exécutées. En République dominicaine, où le personnel d'un hôtel de Puerto Plata a été interrogé ; en Suisse, où l'ex-employeur fortuné de Frank Colin a élu domicile ; au Luxembourg, où Fabrice Alcaud a immatriculé sa société ; en Espagne, où vivait clandestinement Ali Bouchareb… On ne compte plus les interrogatoires croisés, les confrontations, les contre-interrogatoires et les retranscriptions d'écoutes téléphoniques, y compris des conversations avec des avocats (« qui auraient dû être annulées », souligne le président de la cour d'assises). Et pas 1 gramme de coke saisi en France. Frank

Colin apporte sa pierre à l'édifice de ce bilan : « J'ai été entendu pendant près de deux cents heures, ce n'est pas facile de se retrouver sous la pression d'un juge d'instruction. »

Jean-Luc Tournier, le président de la cour, ouvre l'audience en faisant l'appel des accusés. Frank Colin se présente comme un agent d'entretien, Pascal Fauret est ambulancier, Pierre-Marc Dreyfus travaille dans le haras familial pas très loin d'Aix-en-Provence… Le magistrat procède à l'interminable décompte des témoins. Il y a ceux – une majorité – qui seront présents, ceux qui sont indisponibles et ceux qu'il faudra recontacter. « Voilà pour la check-list, on peut décoller », lâche avec une once de facétie le président Tournier derrière d'épaisses moustaches blanches et de fines lunettes. Il ne fait alors aucun doute que le feuilleton judiciaire qui débute sera jonché de rebondissements.

Et la première turbulence ne se fait pas attendre. Deux accusés manquent à l'appel. Le passager Nicolas Pisapia – dont l'avocat, Julien Pinelli, passe en coup de vent au procès – est enlisé dans une procédure dominicaine qui semble l'avoir plongé dans un no man's land juridico-administratif. Il est le seul Français resté dans l'île caribéenne. Le broker Alain Castany, gravement blessé dans un accident de la circulation, a été rapatrié pour raison humanitaire après avoir accepté sa condamnation à 20 ans de prison par une cour d'appel de Saint-Domingue. Incarcéré à Fresnes (Val-de-Marne) en juin 2017, le désormais septuagénaire a été libéré en février 2018 pour raison de santé. Au procès d'Aix-en-Provence, Alain Castany est excusé sur la foi d'une expertise médicale. Son cas et celui de Pisapia ont été disjoints par le président de la cour d'assises en vue d'un procès distinct, renvoyé aux calendes grecques. Une pilule difficile à avaler pour les coaccusés impliqués par les déclarations de Nicolas Pisapia et d'Alain Castany. Celui-ci a notamment affirmé que les deux vols réalisés – Puerto Plata et Quito – avaient été réglés en espèces, en contradiction avec la version des associés à la tête de SN-THS…

La défense sort de ses gonds. « La disjonction contrarie deux exigences légales ; le droit à un procès équitable doit permettre à M. Alcaud d'être confronté aux coaccusés qui le mettent en cause. Ces confrontations n'ont jamais pu avoir lieu pendant l'instruction, il était apparu que la seule confrontation possible se ferait devant la cour d'assises. Nous avons des questions à leur poser. Le second principe, c'est que la cour ne peut pas forger sa conviction seulement sur des pièces de procédure, il faut pouvoir interroger les accusés. Il faut que la cour entende les accusés ensemble. Il s'en passe des choses devant une cour d'assises ! », plaide l'avocate Céline Astolfe. « Du point de vue de Pierre-Marc Dreyfus, cette affaire est amenée par Alain Castany, la présence de cet homme est indispensable. Son rôle est tout sauf secondaire. Son absence cause un préjudice, cette disjonction affecte les droits de la défense », renchérissent ses confrères Pierre Ceccaldi et Jean-Félix Luciani. Rejoints par les avocats des pilotes et Jérôme Susini qui défend Frank Colin, tous réclament le renvoi de l'audience à une date ultérieure. « En poussant le raisonnement jusqu'à l'absurde : quelqu'un pourrait ne pas être jugé dès lors qu'un coaccusé serait en fuite ou décédé ? », leur oppose l'avocat général Marc Gouton, qui insiste sur la notion de « cas de force majeure ». La cour rejettera les demandes de la défense.

Les débats se poursuivent jour après jour dans une salle d'audience bientôt désertée par la plupart des journalistes. Ils ne reviendront que par intermittence, pour les temps forts. Les réquisitions de l'avocat général, les plaidoiries de la défense des pilotes et, bien sûr, le verdict en font partie. Il y a aussi la déposition d'un directeur d'enquête de la gendarmerie. Ce major de la section de recherches de Marseille est malmené par Frank Berton, l'un des avocats d'Ali Bouchareb. L'ombrageux ténor du barreau de Lille plante son regard noir dans les yeux du témoin et pointe les fragilités et les failles de l'enquête en les ponctuant d'un : « Non mais vous rigolez ou quoi ? ! » Philippe Scrève, le défenseur historique d'Ali Bouchareb, en rajoute : « Ce n'est pas un travail de gendarme, c'est du travail de Charlot. » L'avocat général s'indigne. « J'ai dit aussi : du travail de branquignols ! » On frôle l'incident. Éric Dupond-Moretti n'a pas le monopole des esclandres. Et l'enquêteur malmené se fera porter pâle lors du procès en appel.

L'audience connaît aussi des moments plus détendus, contrastant avec la solennité d'un procès criminel. Antoine Vey, le jeune et brillant associé ébouriffé d'Éric Dupond-Moretti, a du mal à étouffer un fou rire quand un enquêteur de personnalité vient témoigner avec un énorme cheveu sur la langue. « L'intéreffé a déclaré que fa fituation était très diffifile à vivre », rapporte cet homme impliqué dans l'accompagnement social des détenus. Il balaie le parcours chaotique de Michel Ristic, entré dans la délinquance lorsqu'il était adolescent. Celui-ci sort de son invisibilité relative pour se plaindre de l'expertise psychologique à laquelle ce taiseux a été soumis, notamment le test de Rorschach[114]. «Les papillons et les taches... Ben, c'est juste des papillons et des taches et ça m'a un petit peu excédé.»

D'autres moments cocasses se produisent parfois à l'extérieur du palais Monclar. Comme ce soir où Henri Bartolo et sa compagne essaient de se changer les idées avec une séance de cinéma. L'accusé s'est recroquevillé sur son fauteuil, quand il s'est aperçu que le président de la cour d'assises se trouvait dans la même salle obscure... À Aix-en-Provence aussi, le monde est petit.

Mais un procès d'assises, ce sont surtout des moments d'émotions intenses à la mesure des enjeux qui s'y jouent. Certains habitués, à la curiosité pas toujours bien placée, ne s'y trompent pas en fréquentant assidûment la salle d'audience du rez-de-chaussée du palais Monclar. Ils s'y rendent comme on irait au théâtre. Ici, les personnages sont réels même quand ils ne disent pas la vérité, les scénarios dépassent toutes les fictions, la plupart des avocats ont du talent et c'est gratuit. Homicides, viols, histoires de gros sous et autres secrets de famille... le frisson est garanti. À l'affiche : Air Cocaïne. Dans cette affaire, il n'y a pas de sang, pas de sexe. Seulement des vies fracassées et, à la fin, une vérité judiciaire.

«Fabrice Alcaud est un ami qui vit un cauchemar depuis six ans. On vit tous un cauchemar, ses amis, sa femme...», témoigne une assistante de direction proche de l'accusé. L'huissier lui présente une boîte de mouchoirs pour sécher ses larmes. « Je voulais être là pour lui parce qu'il est tellement courageux depuis toutes ces années. » Elle marque un arrêt, reprend ses esprits. « On est une vraie bande d'amis, on passe nos vacances ensemble, nos enfants font leurs anniversaires ensemble… C'est un homme gentil et fiable. Quand j'ai lu dans ma convocation ce dont il est accusé, j'étais sidérée. Ce n'est juste pas possible, c'est impossible. On le connaît bien et il n'a rien à faire ici. Je suis intimement convaincue de son innocence. Aucun d'entre nous n'a le moindre doute. Il faut qu'on lui rende sa vie, qu'on le rende à sa famille. » On apprend que l'accusé est le père d'un garçon de 14 ans et d'une fille de 12 ans. « [Son épouse] et lui avaient choisi de ne pas les informer mais il y a quand même eu des dégâts. » Un long séjour à l'étranger a été prétexté pour justifier des mois d'absence. « [Le garçon] a eu un gros problème psychologique, il a perdu ses cheveux. Il n'a plus de cheveux, ce petit garçon… » L'huissier et ses mouchoirs sont appelés à la rescousse.

Selon son avocate, Fabrice Alcaud s'est muré dans un profond silence pendant les dix mois qu'il a passés en détention provisoire. « Il a écrit à ses amis en leur disant : "C'est horrible ce que je fais vivre à [ma femme]". » Un autre membre de sa bande de copains, cadre chez un assureur, poursuit : « J'ai eu la chance de pouvoir aller le voir en prison en avril 2014. Ça a été un moment d'émotion. L'endroit n'allait pas, il flottait dans ses vêtements. L'univers carcéral, que je découvrais, c'est un environnement où les personnes avaient l'air d'être des habitués. Est-ce que Fabrice allait tenir ? » Ce témoin pleure lorsqu'il évoque la sortie de prison de son ami. « On est tous allés le chercher à la gare le soir, il était au bon endroit : avec nous. »

Il y a également cette lettre d'Henri Bartolo, pas très à l'aise avec cet exercice, lue à l'audience. Le gérant de discothèque répondait à Frank Colin qui, depuis la prison, venait de lui écrire qu'il envisageait le suicide. Selon ses dernières volontés, ses tatouages devaient être découpés et transmis à son petit garçon. « Amigo, comme tu le sais, écrire n'est pas mon fort. Ta lettre m'a beaucoup perturbé. J'ai besoin de te dire certaines choses. Il n'y a jamais eu de mensonges entre nous. Maria [l'épouse de Frank Colin] sait que tu n'as rien fait. Le plus important, c'est que tu sois à nos côtés. [...] La suite va prouver que tu n'as rien à faire dans cette affaire de dingue. Elle sait que tout ça est une grosse erreur. Tu es mon seul véritable ami. Pense à elle, aide-la. Ton fils a besoin de toi. » Le président Jean-Luc Tournier s'adresse à l'organisateur des vols Air Cocaïne : « C'est une très belle déclaration d'amitié, monsieur Colin. » Ce lien n'a pas résisté à l'épreuve du procès. François-Xavier Manchet aurait quant à lui réellement tenté de mettre fin à ses jours. « Maintenant, il est chargé de médicaments. Les deux fois où il est allé à l'hôpital, c'était terrifiant. Donc je ne l'ai pas quitté et je crois que je l'aime », dit son épouse.

La tension dramatique atteint son paroxysme avec le verdict, après des heures et des heures d'attente. Un temps pendant lequel les accusés ont été placés sous bonne garde dans le sous-sol du palais Monclar. Depuis la passerelle, on en aperçoit quelques-uns lors de pauses cigarette dans le patio. Un avocat croit savoir que l'un des mis en cause a passé commande chez un bon traiteur pour lui, ses huit coaccusés et même leur escorte. Dans la soirée du 5 avril 2019, la salle d'audience se remplit une dernière fois et retient son souffle. « L'audience est reprise, vous pouvez vous asseoir. » Le couperet tombe. Tout le monde est déclaré coupable, sauf Henri Bartolo, livide, et Michel Ristic, transparent. Eux sont acquittés. Les autres sont immédiatement appréhendés. Les cliquetis des menottes et l'effusion de colère du fils d'un condamné mettent un terme au spectacle. Ristic s'extrait de là, ni vu ni connu. Son avocate Flora Gavuzzo obtiendra en appel la confirmation de son acquittement. Bartolo tombe dans les bras de sa compagne et de son avocat Romain Callen. À son égard, le parquet général ne fera pas appel.

12

Verdict

La bande organisée mise au jour au terme des procédures judiciaires dans l'Hexagone et en République dominicaine est en définitive circonscrite à neuf Français.

Ali Bouchareb, le « grossiste commanditaire », a initié la constitution de cette équipe spécialement calibrée pour l'importation de cocaïne par la voie des airs. Il a été condamné en appel, le 8 juillet 2021, à 18 ans de prison. Son pourvoi en cassation a été rejeté le 30 novembre 2022.

Frank Colin, « lieutenant » principal de l'affaire, a été le coordonnateur du convoi aérien. Il a reçu au moins 300 000 euros avant la première rotation entre la France et Puerto Plata. Il a été condamné à 12 ans d'emprisonnement et n'a pas fait appel. Frank Colin a bénéficié d'une libération conditionnelle en 2022.

La fonction logistique du trafic a été assurée par Alain Castany avec sa casquette de broker en voyage d'affaires, et par les dirigeants de la compagnie aérienne SN-THS en mettant à disposition le Falcon 50 qu'une filiale du Crédit agricole louait à Alain Afflelou.

Le premier a concédé avoir perçu une commission de quelques milliers d'euros, les seconds ont contesté les faits reprochés sans convaincre. Alain Castany a été condamné en appel à 20 ans de prison en République dominicaine. Une peine partiellement purgée en France. Pierre-Marc Dreyfus et Fabrice Alcaud ont écopé en appel, le 8 juillet 2021, d'une peine de 6 ans de prison. Leur pourvoi en cassation a été rejeté en même temps que celui de Bouchareb. Désormais, seule une décision de la Cour européenne des droits de l'homme serait susceptible d'ouvrir la voie d'une révision de leur procès.

Le douanier François-Xavier Manchet a joué un rôle de « guetteur » en rôdant à l'aéroport du Golfe de Saint-Tropez et en interrogeant des fichiers douaniers à la demande de Colin après l'arraisonnement du Falcon 50 à Punta Cana. Il n'a pas fait appel de la condamnation de la cour d'assises spéciale des Bouches-du-Rhône : 5 ans de prison et une interdiction définitive d'exercer dans la fonction publique.

La justice a ordonné une amende de 2 millions d'euros, dont les cinq Français condamnés à Aix-en-Provence sont solidairement redevables.

Les pilotes, Pascal Fauret et Bruno Odos, ont fait office de « transporteurs ». Malgré eux, selon la justice française qui les a acquittés en appel le 8 juillet 2021. En toute connaissance de cause, selon la justice dominicaine qui les a condamnés à 20 ans de prison, le 14 août 2015[115]. Au total, ils auront été incarcérés plus de 2 ans, en France et en République dominicaine. Ils n'ont jamais plus été pilotes.

Quant à Alain Castany, excusé pour raison médicale, lui n'a pas pu être jugé en France et sa condamnation en République dominicaine est définitive. En accompagnant les valises remplies de drogue, Nicolas Pisapia a endossé un rôle de « livreur » pour, de son propre aveu, la modique somme de 20 000 euros, soit 0,1 % de la valeur de la cargaison saisie à Punta Cana (20 millions d'euros sur le marché de gros européen). Il a toujours contesté avoir eu connaissance du contenu des valises qu'il escortait et a été condamné à 20 ans de prison par un tribunal statuant en appel à Saint-Domingue.

13

Des VIP qui n'avaient rien demandé

Quel est le point commun entre Alain Afflelou, Nicolas Sarkozy, Lady Gaga et Karim Benzema ? Tous font partie des personnalités dont les noms ont survolé, à plus ou moins haute altitude, l'affaire Air Cocaïne. Sans avoir la moindre implication dans cette incroyable affaire de stupéfiants, ces illustres personnages traversent le dossier comme des ombres chinoises. Ils agissent pourtant comme des révélateurs en éclairant certaines facettes de cette histoire. Il y a ceux qui ont croisé le chemin des protagonistes, ceux qui ont voyagé à bord du Falcon 50 affrété par la compagnie aérienne SN-THS et d'autres encore qui n'entrent dans aucune de ces catégories. Qu'ils soient utilisés comme faire-valoir, comme témoins de moralité, ou qu'ils servent à mettre en lumière un aspect de l'affaire, un argument, voire la personnalité d'un mis en cause, ces VIP sont entrés à leur insu dans la pléiade Air Cocaïne.

Alain Afflelou est le premier d'entre eux. Son nom a été jeté en pâture dès le départ, quand les quatre Français qui s'apprêtaient à rallier Saint-Tropez à bord d'un

Falcon 50 chargé avec 700 kilos de cocaïne ont été interpellés à Punta Cana. L'évocation du plus célèbre lunetier de France a sans doute participé à allumer la mèche de l'embrasement médiatique dans l'Hexagone. L'avion intercepté en mars 2013 en République dominicaine a d'emblée été présenté comme appartenant au patron de la chaîne d'opticiens et d'audioprothésistes. L'homme d'affaires, fraîchement installé à Londres[116], avait rapidement réagi par l'intermédiaire de son avocat Hervé Temime (célèbre pour avoir représenté Bernard Tapie, Catherine Deneuve ou Roman Polanski…) et du service de communication de son groupe pour faire part de sa stupéfaction. « [Cet avion] est en leasing et la gestion en est confiée à la société SN-THS qui l'a loué à des personnes que l'on ne connaît pas[117]. » Le véritable propriétaire du Falcon 50 s'est montré très discret jusqu'au procès qui s'est tenu en 2015 dans la capitale dominicaine. La presse n'avait d'yeux que pour les pilotes de l'avion. Lixxbail, une filiale du Crédit agricole, y a mandaté des avocats locaux pour tenter de récupérer son aéronef[118]. L'établissement bancaire avait acheté à Dassault Aviation le Falcon 50, sorti d'usine en 1989, pour plus de 10 millions de dollars américains. Depuis 2007, l'appareil faisait l'objet d'un contrat de location longue durée (sept ans) conclu entre le propriétaire et la société Mascaralain (Afflelou) qui a dénoncé ce contrat après la saisie de la drogue et de l'avion dans la nuit du 19 au 20 mars 2013. Le préavis a été adressé dès le 22 mars. Et Lixxbail a signé dans la foulée un nouveau crédit-bail avec… une autre société d'Alain Afflelou (AA-OC), le 3 avril 2013. Les autorités dominicaines n'y ont vu qu'un jeu de bonneteau susceptible de remettre en cause la bonne foi du propriétaire – qui n'a pas plus joué de rôle qu'Alain Afflelou dans le narcotrafic. Et l'avion a été définitivement confisqué au profit de l'État dominicain qui n'a, semble-t-il, jamais été en mesure de l'exploiter.

Paul Allen, pionnier américain de la micro-informatique, a été pris en exemple lors du procès d'Aix-en-Provence par Thierry Fradet, l'avocat du douanier compromis François-Xavier Manchet. Il s'agissait de relativiser le rôle de son client. Celui-ci était notamment poursuivi pour avoir fourni à Frank Colin, l'organisateur des vols Air Cocaïne, un document administratif (CERFA) censé justifier l'entrée sur le territoire français de la somme de 500 000 euros en cash. De quoi donner l'apparence de la régularité aux 300 000 euros déposés en espèces dans une antenne de la Société générale du quartier d'affaires Paris-La Défense ? Oui, ont répondu les responsables de l'agence. « C'est un document purement déclaratif », a fait valoir Me Fradet, minimisant la valeur juridique du CERFA. Le cofondateur de Microsoft avait, lui, déclaré la somme de 700 000 euros pour passer des vacances très confortables au large de la Côte d'Azur. Le milliardaire séjournait à bord de son méga yacht *Octopus*, un palace flottant de 126 mètres encore plus impressionnant que le *Latitude* loué par Rihanna lors de son escale tropézienne en juillet 2012. Le formulaire administratif issu de la démarche de Paul Allen a été retrouvé dans les locaux du bureau de la douane du port de Brégaillon, dans la rade de Toulon, où travaillait François-Xavier Manchet. La déclaration de l'homme d'affaires américain était dûment signée par l'agent de l'administration. « Pas celle de Frank Colin », a souligné François-Xavier Manchet. Comme si cet « oubli » avait pu atténuer sa responsabilité. « Ce document n'est pas totalement un faux puisque j'ai vu l'argent », a ajouté le douanier face aux enquêteurs, tout en reconnaissant ne pas avoir compté les billets.

À la lettre B, le chanteur et acteur Patrick Bruel illustre la fascination éprouvée par François-Xavier Manchet – encore lui ! – pour un univers qui lui paraissait inatteignable. « Après une avant-première au théâtre à Toulon, mon mari a discuté un long moment avec Patrick Bruel. À la suite de cet échange, il disait "mon ami" en parlant de cet artiste. Il aimait ce sentiment de fréquenter quelqu'un de peu accessible », raconte l'épouse du fonctionnaire de la douane. Il lui a semblé que son ami Frank Colin, à qui tout semblait réussir, s'était fait une place parmi les « grands hommes ». Et il l'admirait pour cela, au point de céder à toutes ses demandes.

Balkany, Benzema, Bergé. Leurs noms apparaissent également dans la périphérie de l'affaire Air Cocaïne. « Mon oncle était un ami du papa d'Alexandre Balkany », se targue Pierre-Marc Dreyfus, le patron de la compagnie aérienne SN-THS qui a opéré les vols incriminés. Le fils d'Isabelle et Patrick Balkany connaît le microcosme de l'aviation d'affaires pour avoir acquis un aéronef par l'intermédiaire d'Alain Castany. « L'avion a été vendu 1,9 million de dollars », se souvient l'ancien propriétaire, estimant sa moins-value à 500 000 dollars. Castany, qui avait l'habitude d'être aux commandes de ce Cessna pour les déplacements du vendeur, est naturellement devenu le pilote d'Alexandre Balkany. Le broker-pilote était rémunéré pour transporter le fils du sulfureux maire de Levallois-Perret, mais aussi des passagers fortunés qui louaient l'appareil à des fins professionnelles ou personnelles. Selon les éléments de la procédure française, « Alain Castany avait eu l'occasion, en qualité de pilote, de conduire Frank Colin et Alexandre Balkany à Saint-Tropez ». C'est le voyage du fameux été 2012 qui a vu naître le projet Air Cocaïne. Alexandre Balkany – hors de cause – et Alain Castany ne s'étaient pas éternisés dans la station balnéaire varoise. Le 12 août, les deux hommes se retrouvaient au bar d'un palace de la place Vendôme, à Paris, pour partager un verre avec Fabrice Alcaud et Pierre-Marc Dreyfus, les deux hommes forts de la compagnie aérienne SN-THS. Plus tard, Alexandre Balkany s'est débarrassé d'Alain Castany et de son avion, revendu par l'entremise de Dreyfus.

Karim Benzema est, quant à lui, l'une des pièces maîtresses de l'accusation à l'encontre de l'homme condamné pour avoir tenu le rôle du commanditaire dans l'affaire Air Cocaïne. Ali Bouchareb a toujours nié s'être rendu à l'aéroport du Golfe de Saint-Tropez pour récupérer les valises de Puerto Plata. Il dément être celui qui a conclu un marché avec Frank Colin pour organiser des rotations transatlantiques au service d'un trafic de stups international. Bouchareb n'est pas le narcotrafiquant qui s'est fait appeler Rayan, n'a-t-il eu de cesse de répéter. Et pourtant. « Ce qui me fait dire qu'Ali Bouchareb est Rayan, c'est qu'il s'est vanté d'être un proche de Benzema à l'hôtel [où les protagonistes ont séjourné en attendant le retour du Falcon 50]. Or, quand il se fait arrêter sous le faux nom de Rayan Hanouna par les Espagnols, il s'est présenté comme un ami de Benzema, ils ont retrouvé des photos de lui avec Benzema et une paire de chaussures siglées Karim Benzema», énumère un enquêteur. «Moi je vis foot, je dors foot, mais je ne suis pas ami avec Benzema», s'offusque Ali Bouchareb. Plusieurs témoins interrogés par les enquêteurs ont rapporté cette proximité, alléguée par Rayan, avec la star du ballon rond. «Il m'a dit qu'il était ami avec Benzema. Il faisait le fanfaron, il disait qu'il achetait des immeubles», se souvient un ancien marchand de sandwichs reconverti dans une activité non déclarée d'agent immobilier à Barcelone. Rayan a aussi prétendu fréquenter Benzema quand il draguait une serveuse de La Farandole, le quatre-étoiles de Sanary-sur-Mer. En fait, Ali Bouchareb ne manquait pas une occasion de montrer, à ses interlocuteurs, des photos sur son portable où il posait aux côtés de l'international de football. «Il faisait des selfies avec ses fans», rétropédale le narcotrafiquant, moins frimeur devant les juges de la cour d'assises. Karim Benzema n'a donc jamais compté parmi ses amis.

Pierre Bergé, ancien compagnon de route et de vie du grand couturier Yves Saint Laurent, apporte une touche de luxe à un dossier qui ne manque pas de faire s'entrechoquer des mondes distincts. «J'avais acheté plusieurs avions, dont le *YSL* à Pierre Bergé en 2008. Alain Castany, qui m'a été présenté par un président de banque, m'a prévenu que je me faisais voler 1 million d'euros par avion», témoigne un poids lourd de la promotion immobilière. Ses bureaux sont situés rue de la Paix à Paris. «Alain Castany m'a prévenu de tout ce qui se tramait dans mon dos...» Les deux hommes se sont lancés dans la création d'une petite compagnie aérienne aux États-Unis. «J'avais acheté pour ce faire trois Falcon 20 et un CJ1 [un avion d'affaires léger fabriqué par Cessna]...», explique le promoteur, comme s'il s'agissait d'une partie de Monopoly. «Castany fait un peu partie de la famille, c'était le commandant de bord de l'avion avec lequel je volais avec mes proches. C'est quelqu'un de très bien. Tout le temps où il était en République dominicaine, je me suis occupé de lui comme je l'aurais fait pour quelqu'un de ma famille. S'il y avait le moindre doute dans ma tête, je l'aurais laissé tomber. Je lui fais confiance à 100 %», assure ce témoin fortuné qui n'a jamais pu, à cause d'un obscur et interminable litige, faire voler l'avion revendu par Pierre Bergé. Un aéronef acquis pour «8 millions d'euros payés cash».

Naomi Campbell. L'ancien top model a toujours servi de faire-valoir à un Frank Colin cherchant à passer d'un statut de banal videur de boîte de nuit à celui de garde du corps expérimenté. Il a conservé précieusement un cliché qui montre la sculpturale icône de la mode fouler le tapis rouge du Festival de Cannes. Dans son sillage, on voit un jeune Frank Colin, chemise noire et cravate blanche, prêt à intervenir en cas de problème. Même effet *bodyguard* avec une photo de l'intéressé aux côtés de Mike Tyson. «C'est le grand truc des videurs de boîte à Saint-Tropez, ils nous demandent de les prendre en photo avec un people pour faire mousser leur CV[119] », confie un photographe rompu à l'exercice pour avoir effectué de nombreuses saisons à Saint-Tropez.

Christophe Castaner. Que vient faire dans cette histoire le nom de cet ancien membre du gouvernement (2017-2020), qui ne l'était pas encore quand l'affaire a éclaté ? Après son interpellation, Frank Colin a été présenté comme un jet-setteur, avec tout ce que cette étiquette charrie en matière d'idées reçues, à connotation négative. « Vous allez dans des boîtes de nuit… », appuie l'accusation, incarnée par l'avocat général Marc Gouton lors du procès-fleuve qui s'est tenu devant la cour d'assises des Bouches-du-Rhône en 2019. « Comme tout le monde, même le ministre de l'Intérieur », rétorque l'accusé. Le premier flic de France venait d'être épinglé pour s'être un peu lâché dans une discothèque parisienne du 17e arrondissement, en pleine crise des gilets jaunes[120].

Aymeric Chauprade. Cet eurodéputé français élu en 2014 sur la liste du Front national a été l'une des chevilles ouvrières de l'opération d'exfiltration des pilotes Pascal Fauret et Bruno Odos en octobre 2015. Assignés à résidence en République dominicaine, les anciens pilotes de chasse venaient d'être condamnés à 20 ans de prison, mais laissés libres sous contrôle judiciaire. « Capitaine de frégate, officier supérieur de réserve dans la Marine nationale, docteur en géopolitique, multidiplômé, enseignant au collège interarmées de défense, conférencier international de talent, familier des Russes. [...] Il est un intime de Leonel Fernández, ancien président de la République dominicaine, dont il a été l'un des conseillers stratégiques entre 2009 et 2012. Il dispose par ailleurs d'un réseau d'influence très important, en France, mais aussi dans de nombreux pays étrangers[121] », écrit Christophe Naudin, à la manœuvre dans cette mission rocambolesque digne d'un film d'espionnage. « J'aime la République dominicaine, je ne me lasserai pas de le dire. Mais j'aime d'abord mon pays. [...] Cette injustice faite à deux de nos compatriotes innocents et qui ont servi brillamment leur patrie ne pouvait être acceptée. Tous les hommes mobilisés dans cette opération ont agi en ce sens. Le mot *honneur* signifie encore quelque chose pour nous[122] », a revendiqué le député européen après le retour de Pascal Fauret et Bruno Odos. Désavoué par les dirigeants du FN dont il était déjà une figure controversée, Aymeric Chauprade a claqué la porte du parti alors qu'il était sommé de s'expliquer devant une sorte de commission de discipline sur son rôle dans le rapatriement clandestin des pilotes englués dans l'affaire Air Cocaïne[123].

Christophe Dominici s'est invité avec bienveillance dans l'affaire Air Cocaïne. L'ancien international de rugby a témoigné à la barre de la cour d'assises des Bouches-du-Rhône, le 6 mars 2019, en faveur de l'organisateur des vols. Avant tout un ami de longue date dont l'ancien sportif de haut niveau a souligné les indéniables qualités. « Je connais Frank depuis vingt-cinq ou trente ans. [...] Frank s'est construit tout seul, c'est quelqu'un que j'appréciais », résume l'ex-joueur de rugby, décédé à l'âge de 48 ans en novembre 2020. « Nous nous sommes rencontrés au milieu des années 1990 dans une salle de sport que nous fréquentions tous

les deux et, très vite, nous avons noué des liens précieux[124] », relate Frank Colin avant de lui rendre hommage. Les deux hommes, originaires de l'agglomération de Toulon, se sont liés au point que l'un a avancé 200 000 euros à l'autre dans le cadre d'un projet immobilier jamais concrétisé en Roumanie. Christophe Dominici a dû mandater un proche à Bucarest pour s'apercevoir que le projet avait fait long feu, et récupérer sa mise. « Vous avez eu le sentiment de vous être fait escroquer ? s'enquiert le président de la cour d'assises.
— Pas du tout. Je pense qu'il a utilisé cet argent pour autre chose... Le dossier ne s'est pas fait. Après, ça s'est bien passé. C'est la vie ! Je n'ai jamais vu d'escroc rembourser ses victimes avec des intérêts. Je n'ai jamais fait d'affaires juteuses... J'ai mis 500 000 euros dans le Stade français [alors que le club était au bord de la faillite] et je n'ai même pas 1 euro d'action aujourd'hui, ça s'est délité. Et il y a cette mauvaise affaire dans les avions... » Dans cet autre fiasco, le rugbyman malheureux en affaires avait investi dans l'exploitation d'un coucou démilitarisé. Ce petit avion devait être utilisé pour vendre des baptêmes de l'air au grand public. Mais l'aéronef a été immobilisé dans un hangar de l'aéroport de Nîmes-Garons, à cause d'un différend entre associés, et n'a été libéré qu'à la faveur de l'intervention... d'un ami douanier. Le décidément très serviable François-Xavier Manchet, à 200 kilomètres de son lieu de travail, n'avait pas hésité à sortir sa carte professionnelle pour faire ouvrir les portes de l'entrepôt. « C'est un gentil mec, voilà », conclut le légendaire ailier de l'équipe de France de rugby.

Laurent Fabius est la plus haute personnalité politique à s'être exprimée sur l'affaire Air Cocaïne. C'était en 2014. Il était ministre des Affaires étrangères du président François Hollande. Au micro de RTL, après avoir critiqué l'invasion russe débutée en février en Crimée (tout en écartant un soutien militaire à l'Ukraine), le chef de la diplomatie française avait fait part de son « soutien[125] » aux familles des deux pilotes alors incarcérés en République dominicaine. « Ce qui est choquant, c'est que depuis tout ce temps, leur procès n'a toujours pas été audiencé », déplorait-il sous la pression d'un comité de soutien efficace. Pascal Fauret et Bruno Odos croupissaient en prison depuis presque un an. « Il faut qu'il y ait un procès qui vienne et qui vienne vite. » Ensuite à l'antenne de France Inter, la position du ministre est encore plus tranchée : « [Les pilotes] ont été arrêtés dans des conditions qui sont très contestables. [...] Pendant très longtemps, le gouvernement local a refusé que la justice puisse examiner leur recours et qu'ils puissent passer en jugement. [...] On nous a demandé d'intervenir, ce que j'ai fait et, à ma connaissance, il y aura une audience judiciaire. J'espère maintenant que la justice va pouvoir leur être rendue et qu'on séparera leur cas, car je les crois innocents, du problème général de la drogue[126]. » Les quatre Français ont bénéficié d'une remise en liberté sous contrôle judiciaire quelques jours plus tard. Tous ont été reconnus coupables l'année suivante, en août 2015. Silence de Laurent Fabius, un porte-parole se bornant à assurer que le Quai d'Orsay allait « suivre cette affaire avec la plus grande attention ». Huit parlementaires[127] de tous bords ont alors pris le relais du soutien politique : « Les charges pesant sur les quatre Français ne se fondent sur aucune preuve. [...] Nous sommes soucieux de la souveraineté nationale et attentifs, également, à ce que celle des autres États soit respectée. Néanmoins, lorsque les règles élémentaires du droit international sont bafouées et que la conséquence en est la mise en danger de nos concitoyens, la France ne saurait regarder sans agir », ont-ils écrit à Laurent Fabius. De quoi froisser les autorités de l'ancienne colonie espagnole. « Les juges dominicains m'ont expliqué leur système judiciaire, leurs difficultés, la corruption, les organisations criminelles en tous genres qui polluent leur pays. J'ai rencontré des personnes totalement investies dans leur mission, qui ont été heurtées par certaines réactions publiques françaises, ressenties comme humiliantes », partage la juge Christine Saunier-Ruellan, qui s'est rendue dans les Caraïbes. Laurent Fabius, nommé président du Conseil constitutionnel en février 2016, ne s'est plus jamais risqué à évoquer publiquement le sujet.

Lady Gaga, Madonna et Céline Dion. Les noms de ces très célèbres aînées de Rihanna ont été invoqués pour banaliser le nombre de valises qui devaient accompagner Nicolas Pisapia. Dix bagages à Puerto Plata, vingt-six à Punta Cana. « Je n'ai jamais vu de location d'avion avec autant de valises pour un seul passager », avait réagi l'ancien patron d'une compagnie d'aviation d'affaires devant les enquêteurs. Avant de nuancer : « Ça existe, mais c'est Madonna, Lady Gaga, Céline Dion… » Dans le même ordre d'idées, l'avocat du douanier Manchet a justifié que le portail de l'aéroport du Golfe de Saint-Tropez a été ouvert à des véhicules extérieurs pour faciliter le transbordement des dix valises de Puerto Plata. « C'est un geste commercial, si on n'a pas envie que les avions partent au Castellet [un aérodrome concurrent entre Toulon et Marseille], on ouvre le portail. Quand Madonna arrive, elle n'a pas envie de traverser l'aérodrome... Qu'est-ce que ça aurait changé de traverser l'aérodrome avec des sacs puisqu'il n'y avait pas de douane ? », fait remarquer Me Thierry Fradet.

Alain Minc a embarqué dans le Falcon 50 en cause deux jours après le vol de Puerto Plata et l'atterrissage de l'aéronef à Saint-Tropez, où des valises douteuses ont été débarquées. Le célèbre conseiller politique a fait un aller-retour à Barcelone entre les 11 et 13 décembre 2012. « J'en ai un souvenir très précis », insiste Pascal Fauret, pas tant impressionné par son prestigieux passager que par un contrôle douanier. Le pilote a affirmé que l'avion, de retour au Bourget, avait été visité par un chien anti-stups. Un détail d'importance, alors que la réalité d'un trafic de drogue a été contestée par la défense des pilotes. « Le 9 décembre, l'avion aurait transporté de la cocaïne et, quatre jours plus tard, il est contrôlé par un chien douanier », récapitule Éric Dupond-Moretti. « Ça paraît compliqué de cacher ça au chien », reconnaît un expert du laboratoire de la police technique et scientifique de Marseille. Mais, du côté de la douane, on n'a pas la même version. « L'avion immatriculé F-GXMC a bien fait l'objet d'un contrôle entre 21 h 35 et 22 h 05. Le cockpit, l'habitacle et la soute ont été fouillés mais il n'y avait pas ce soir-là d'équipe cynophile, rapporte un directeur de la douane. Au

Bourget, la présence du chien est très, très rare parce qu'il est basé à Roissy. » Une fonctionnaire qui a participé à ce contrôle enfonce : « Si j'avais appelé l'équipe cynophile, ce serait forcément noté et ça figurerait au rapport. » Mais le pilote n'en démord pas : « Le chien est arrivé dans une camionnette blanche, le maître-chien était assez grand et maigre. » Alain Minc, le prestigieux passager qui avait sans doute déjà quitté l'aéroport lors de ce contrôle, n'aurait probablement pas été en mesure d'éclairer la justice sur ce point.

Clara Morgane apparaît dans l'affaire Air Cocaïne lorsqu'on a évoqué la présence d'une photo de l'ancienne actrice de films X placardée dans le bureau d'un enquêteur de la gendarmerie. « Quand je suis rentrée dans cette pièce, il y avait deux posters géants de Clara Morgane », se plaint l'épouse du douanier impliqué dans le dossier. Elle a expliqué que ces images l'ont déstabilisée au point qu'on lui aurait soutiré des propos compromettant son mari. « Il n'y a pas de nu intégral, il peut y avoir un calendrier sur une armoire… », dédramatise le gendarme qui avait également déployé un drapeau dominicain dans son bureau.

Nicolas Sarkozy, empêtré dans plusieurs dossiers politico-financiers, n'avait sans doute pas besoin de voir son nom associé à une affaire de narcotrafic international. Pas de chance, l'ancien président de la République devait voyager à bord du Falcon 50 au lendemain de l'interception de l'appareil, dans la nuit du 19 au 20 mars 2013, à Punta Cana. L'ex-chef de l'État était attendu le 21 mars 2013 à Bordeaux dans le cadre de l'affaire Bettencourt[128]. Or, il est apparu que ce VIP avait précédemment utilisé les services de la compagnie aérienne SN-THS. À trois reprises dans la période visée par l'affaire Air Cocaïne. Il n'en fallait pas plus pour attirer l'attention de la juge d'instruction chargée du dossier à Marseille, qui a fait procéder à des vérifications en exhumant les factures des deux téléphones portables de Nicolas Sarkozy. Une fois révélée par le *Journal du dimanche*[129], l'information a provoqué la colère de l'ancien président et pris un tour politique dans l'hémicycle de l'Assemblée nationale. « Qu'imagine-t-on ? Que j'étais à Punta Cana sur 700 kilos de cocaïne ? [...] Croyez-vous qu'on géolocalise le chef de l'opposition, qu'on écoute ses conversations au téléphone, tout son entourage, sans que la garde des Sceaux en soit informée ? Je pose la question. Et si la garde des Sceaux en est informée, elle ne parle pas avec le président de la République[130] ? » Le procureur de la République de Marseille s'était pourtant fendu d'un courrier d'explications, dès que l'info avait été publiée, adressé à l'avocat de M. Sarkozy : « Contrairement à ce qui a pu être prétendu, il n'y a pas eu de géolocalisation active[131]... » La magistrate Christine Saunier-Ruellan a également justifié son choix lorsqu'elle a été amenée à témoigner devant la cour d'assises. « La question était de savoir si ces vols avaient été réalisés ou s'il s'agissait de fausses factures pour couvrir les vols litigieux. Il ne s'agissait nullement de mettre Nicolas Sarkozy sur écoute, nullement de le géolocaliser en temps réel. Il s'agissait de vérifier, au regard des fadettes sur deux mois, s'il avait utilisé ces vols. L'objectif était de savoir si ces vols concomitants avaient pu servir à couvrir les vols occultes. Le but était de fermer cette porte. »

Mais la drogue est toujours là !

Le temps a passé. L'affaire Air Cocaïne est entrée dans l'histoire de la justice après avoir été un fragment infime de celle du trafic mondial de drogue. Elle nous montre comment les grands réseaux ont besoin de petites mains plus ou moins innocentes pour accomplir leur trafic. On y voit comment l'appât du gain peut transformer les conduites. « Une fois qu'il aura suffisamment "tapiné" à vendre de la drogue, il veut habiller sa copine chez Gucci », témoigne malgré lui (dans la sonorisation policière d'un véhicule) le frère du conducteur d'un go fast entre Lyon et la côte varoise. Ce jeune de 19 ans s'était fixé un objectif commercial de 300 000 euros avant d'être rattrapé par la PJ. Il était jusque-là inconnu des services, sinon pour un délit routier. Son N+1 dans ce réseau démantelé en 2021 a écopé de 5 ans de prison. Le compte épargne logement de ce footballeur, qui gagnait sa vie en évoluant dans des clubs amateurs, a été confisqué. Lui non plus n'était pas connu pour avoir trempé dans les stups. Cette enquête avait démarré après la découverte d'un pain de cocaïne dans le cartable d'un écolier. Son père était une « nourrice » : il avait planqué la drogue dans la chambre de son petit garçon.

Le narcotrafic inonde toutes les couches de la société. Bien sûr, les quartiers défavorisés transformés en points de deal alimentent l'essentiel de la main-d'œuvre nécessaire à l'enrichissement des caïds et des barons de la drogue. Mais les profils sont plus diversifiés qu'il n'y paraît. Un avocat qui fait passer de la coke dans un parloir, un restaurateur ruiné par la crise du Covid-19 qui transforme une villa de location en ferme de cannabis, des saisonniers espagnols qui jouent les guetteurs après leurs journées de vendange dans un vignoble de Provence, un étudiant en sciences économiques séduit par les bénéfices qu'il peut tirer d'une activité de dealer : la liste n'en finit pas de s'allonger.

Ce casting hétéroclite fait écho à la sociologie des files d'attente dans les points de vente qui maillent les banlieues et les centres-villes. Un quartier peut voir défiler plusieurs centaines de clients entre 11 heures et 22 heures. Dans les métropoles, d'autres consommateurs, avec l'avènement des réseaux sociaux, des messageries cryptées et l'ubérisation des trafics, privilégient la livraison au « coin de la rue ». Ces gens *bien sous tous rapports* viennent chercher leur consommation en croisant les doigts pour échapper aux amendes forfaitaires délictuelles (200 euros) réservées aux simples usagers. « Il n'y aurait pas de trafic sans clients », plaident régulièrement les avocats des narcos.

Mais aussi : pas de trafic de drogue sans armes. Et la clientèle est tancée pour son rôle dans l'explosion de violences associée au narcotrafic. Les enjeux financiers sont tels qu'ils génèrent des guerres de territoire. Régulièrement sanglantes, parfois mortelles. En témoignent les « jambisations » dans les banlieues parisiennes ou les assassinats – à un rythme quasi hebdomadaire en 2023 – à la kalachnikov à Marseille. Air Cocaïne et ses centaines de kilos saisis à Punta Cana n'ont pas débouché sur de telles extrémités. « Le produit, ça se remplace facilement… Pour l'argent, c'est une autre histoire », évacue une magistrate. Autrement dit, mieux vaut perdre une cargaison de stupéfiants qu'un point de vente…

« La société a longtemps toléré ces trafics dans les cités, jusqu'à ce qu'ils produisent de la violence à des niveaux inédits », observe un avocat avec quatre décennies de carrière derrière lui. Ces dernières années, le cercle des victimes de la guerre des stups s'est élargi au-delà du milieu du narcobanditisme. Des balles perdues ont tué une vacancière dans le Var (2018) ou une étudiante à Marseille (2023), pour ne citer que deux exemples. Jusqu'où ira la montée en puissance du narcobanditisme ? En Belgique et aux Pays-Bas – pays réputé tolérant avec les usagers –, on a assisté à de véritables opérations de déstabilisation de l'État. Les narcos n'hésitent plus à assassiner des avocats, des journalistes, des proches de témoins et à menacer les plus hautes autorités à la manière de la mafia italienne au XXe siècle. En France, dans une interview accordée à *La Provence* à la veille de son départ de Marseille, Dominique Laurens, procureure de la République, n'écarte pas le risque d'une « cartellisation », alors qu'une génération de tueurs à gages recrutés sur Snapchat émerge dans la cité phocéenne.

Aux voix qui s'élèvent pour proposer une dépénalisation, ou une légalisation, afin de faire retomber la pression exercée par le narcobanditisme sur nos sociétés, d'autres opposent les risques sanitaires (dégâts psychiatriques chez les jeunes, sécurité routière, etc.). Et font observer que les narcos s'adaptent à tous les cadres réglementaires, dans toutes les démocraties. Contrebande, dosages en principe psychoactif renforcé, drogues alternatives… à la manière d'un service marketing ou d'une division recherche et développement, les narcos rivalisent d'imagination pour entretenir la poule aux œufs d'or. L'affaire Air Cocaïne, sur le plan logistique, en est la parfaite illustration.

Chronologie de l'affaire

2012

Au printemps, Frank Colin rencontre Alain Castany, pilote free lance et courtier en voyages d'affaires.

Juillet : Frank Colin rencontre Ali Bouchareb à Saint-Tropez où naît le projet Air Cocaïne.

Septembre : Frank Colin sollicite Alain Castany pour l'organisation d'une liaison transatlantique.

12 septembre : Frank Colin et Nicolas Pisapia ouvrent des comptes bancaires dans une agence bancaire de Paris-La Défense.

16 novembre : Alain Castany cesse à compter de ce jour tout retrait d'espèces.

27 novembre : Alain Castany organise une réunion dans un restaurant parisien pour préparer le vol de Puerto Plata. Frank Colin et Nicolas Pisapia sont présents, de même que Fabrice Alcaud, responsable de la compagnie aérienne SN-THS, et Pascal Fauret, pilote.

29 novembre : Fabrice Alcaud, qui a loué un coffre dans une banque parisienne, n'effectue plus de retrait d'espèces.

5 décembre : le Falcon 50 affrété par SN-THS quitte Le Bourget pour Puerto Plata en République dominicaine *via* une escale technique aux Açores (Santa Maria). Nicolas Pisapia est le passager du vol.

9 décembre : l'avion est de retour en France. Le douanier François-Xavier Manchet fait ouvrir le portail de l'aéroport du Golfe de Saint-Tropez pour faciliter le transbordement d'une dizaine de valises.

11 décembre : Frank Colin et Nicolas Pisapia montent à Paris en TGV. Le premier fait compter 300 000 euros à une responsable de la banque où les deux hommes ont ouvert des comptes en septembre.

2013

7 janvier : les gendarmes de la brigade de recherches de Gassin-Saint-Tropez sont informés de l'atterrissage suspect du 9 décembre 2012.

28 février : le Falcon 50 décolle du Bourget pour Quito (Équateur). L'avion rentrera en France à vide.

2 mars : la procureure de la République à Draguignan ouvre une information judiciaire pour « importation, acquisition, détention et transport illicites de stupéfiants ».

8 mars : Pierre-Marc Dreyfus, le P-DG de la compagnie aérienne SN-THS, ouvre un coffre dans une banque à Lyon. Nicolas Pisapia se rend à Punta Cana *via* un vol régulier au départ de Bucarest (Roumanie). Le

Falcon 50 décolle le lendemain du Bourget pour la même destination.

19 mars : une opération antidrogue se déroule en fin de soirée à l'aéroport de Punta Cana dans le cadre d'une enquête sur un réseau d'agents corrompus en République dominicaine. Le Falcon 50 est intercepté, plus de 700 kilos de cocaïne sont saisis à bord de l'aéronef à destination de Saint-Tropez.

20 et 21 mars : Pierre-Marc Dreyfus se rend à son coffre.

22 mars : l'enquête passe entre les mains de la juridiction interrégionale spécialisée de Marseille.

28 mars, à 12 h 05 : Frank Colin, l'organisateur des vols Air Cocaïne, est interpellé à Puteaux ; 95 060 euros sont appréhendés dans le coffre qu'il loue à la banque.

15 avril : l'organisme dominicain chargé de l'expertise de la saisie de Punta Cana fixe à 700,49 kilos la quantité de cocaïne répartie dans 680 paquets (26 valises).

16 avril : le douanier François-Xavier Manchet est interpellé.

12 juillet : les quatre Français en détention en République dominicaine se voient notifier leur mise en examen dans le volet français de l'affaire.

9 septembre : Fabrice Alcaud, co-actionnaire de la compagnie aérienne SN-THS, est mis en examen et écroué.

10 septembre : Pierre-Marc Dreyfus, gérant de SN-THS, est mis en examen et écroué.

2014

16 octobre : Ali Bouchareb, trafiquant en cavale, est interpellé à Tarragone (Espagne) lors d'une saisie d'armes et de 420 kilos de cocaïne, convoyés depuis le Pérou par voie maritime. Les autorités françaises lui imputent le rôle de commanditaire dans l'affaire Air Cocaïne.

2015

4 août : après dix heures de délibéré, les quatre Français arrêtés à Punta Cana sont condamnés à 20 ans d'emprisonnement et laissés libres.

18 octobre : les pilotes Pascal Fauret et Bruno Odos fuient la République dominicaine.

2016

Février : la condamnation des pilotes est confirmée en République dominicaine.

28 juin : la cour d'appel de Saint-Domingue confirme le jugement de première instance (20 ans de prison) à l'encontre de Nicolas Pisapia. Sans mandat de dépôt. Son avocat annonce son intention de saisir la Cour suprême.

3 novembre : une cour d'appel dominicaine confirme la condamnation d'Alain Castany (20 ans de prison). Il

ne se pourvoit pas devant la Cour suprême et bénéficiera d'un rapatriement pour raisons de santé.

2019

Février : le procès s'ouvre devant la cour d'assises des Bouches-du-Rhône. Sans Nicolas Pisapia, retenu en République dominicaine, et sans Alain Castany pour raisons médicales.

5 avril : Ali Bouchareb est condamné à 18 ans de réclusion, Frank Colin à 12 ans. Fabrice Alcaud, Pierre-Marc Dreyfus, Pascal Fauret et Bruno Odos sont condamnés à 6 ans, François-Xavier Manchet à 5 ans et une interdiction définitive d'exercer. Henri Bartolo et Michel Ristic sont acquittés.

2021

Juillet : la cour d'appel confirme les condamnations d'Ali Bouchareb, Fabrice Alcaud et Pierre-Marc Dreyfus. Leurs pourvois en cassation seront rejetés en 2022. Les pilotes Pascal Fauret et Bruno Odos sont acquittés au bénéfice du doute. Michel Ristic est de nouveau acquitté. Le parquet n'avait pas fait appel de l'acquittement d'Henri Bartolo. Frank Colin et François-Xavier Manchet n'avaient pas fait appel de leurs condamnations.

Notes

1. Ministère de la Justice, «Les chiffres clés de la justice», Éditions 2013 et 2023, Sous-direction de la statistique et des études.

2. Consommation de cannabis ou de cocaïne au moins une fois dans l'année (Observatoire français des drogues et des tendances addictives).

3. Christian Ben Lakhdar, Nacer Lalam et David Weinberger, «L'argent de la drogue en France» (synthèse du rapport final), Institut national des hautes études de la sécurité et de la justice (INHESJ), Mission interministérielle de lutte contre les drogues et les conduites addictives (Mildeca), octobre 2016.

4. Selon une étude publiée en 2022, sur douze mois, 38 % des usagers quotidiens de cannabis ont effectué au moins un achat dans un point de deal, 37 % se sont fait livrer au moins une fois à domicile (Observatoire français des drogues et des tendances addictives).

5. Claire Duport, «De l'argent facile», *Mouvements*, Cairn.info, La Découverte, février 2016.

6. Christian Ben Lakhdar, «Le deal de drogues : un revenu complémentaire très risqué», 2011, dans Claire Duport (Ed), «L'intervention sociale à l'épreuve des trafics de drogues», Association départementale pour le développement des actions de prévention des Bouches-du-Rhône (Addap13).

7. Bilan 2022 de la lutte contre les drogues, dossier de presse, ministère de l'Intérieur, 1er mars 2023.

8. Claire Andrieux, *La Guerre de l'ombre - Le livre noir du trafic de drogue en France*, Denoël, 2020.

9. Christian Ben Lakhdar, Nacer Lalam et David Weinberger, «L'argent de la drogue en France» (synthèse du rapport final), Institut national des hautes études de la sécurité et de la justice (INHESJ), Mission interministérielle de lutte contre les drogues et les conduites addictives (Mildeca), octobre 2016.

10. Méthode utilisée par les trafiquants pour le transport des stupéfiants, qui consiste à rouler à très grande vitesse pour éviter les contrôles de police.

11. Claire Andrieux, *La Guerre de l'ombre - Le livre noir du trafic de drogue en France*, Denoël, 2020.

12. Renaud Lecadre, «Les ailes coupées du dealer de caravelle. Francis Lagarde a vendu des avions à des narcotrafiquants», *Libération*, 12 août 1999.

13. «Espagne : le "narco sous-marin" convoyait 100 millions d'euros de cocaïne», *Le Point* (avec AFP), 27 novembre 2019.

14. Jérôme Fourquet, «Les routes de la poudre blanche», Fondation Jean-Jaurès, 25 janvier 2022.

15. Passagers chargés de transporter de la drogue.

16. Laurent Amalric, «Shopping à guichet fermé pour Rihanna à Saint-Tropez», *Var-Matin*, 24 juillet 2012.

17. Frank Colin et Manuel Jacquinet, *Je m'appelle Frank Colin. J'ai organisé l'affaire Air Cocaïne*, Malpaso-Radio Caroline Media, 2023.

18. Notes d'audience, cour d'assises des Bouches-du-Rhône, 25 février 2019. Toutes les citations suivantes des différents acteurs du procès sont issues des notes d'audience des procès qui se sont tenus à la cour d'assises des Bouches-du-Rhône entre février et juin 2019, ainsi que de mars à juillet 2021.

19. Entretien avec Frank Colin, février 2014. À l'époque, Rayan n'a pas encore été identifié.

20. Arrêt de la cour d'appel de Paris, 27 novembre 2002.

21. Entretien avec Frank Colin, automne 2013.

22. « Saint-Tropez “coupée du monde” par des pluies diluviennes », France 3 Provence-Alpes-Côte d'Azur, 14 décembre 2012.

23. Transformée en Direction du renseignement et de la sécurité de la défense (DRSD) en 2016.

24. Les tribunaux d'instance et de grande instance ont été remplacés en 2020 par les tribunaux judiciaires.

25. Les PI2G sont devenues des « antennes GIGN » en 2016.

26. Jugement du Premier tribunal collégial de la chambre criminelle du district national, Saint-Domingue, République dominicaine, 15 août 2015.

27. Rodolphe Lamy, « La République dominicaine, plaque tournante de la cocaïne », *France-Antilles* (en ligne), 19 mars 2015.

28. Jugement du Premier tribunal collégial de la chambre criminelle du district national, Saint-Domingue, République dominicaine, 15 août 2015.

29. Jugement du Premier tribunal collégial de la chambre criminelle du district national, Saint-Domingue, République dominicaine, 15 août 2015.

30. Jugement du Premier tribunal collégial de la chambre criminelle du district national, Saint-Domingue, République dominicaine, 15 août 2015.

31. En France, il est alors 3 heures du matin, le 20 mars.

32. *Ibid.*

33. Jugement du Premier tribunal collégial de la chambre criminelle du district national, Saint-Domingue, République dominicaine, 15 août 2015.

34. Entretien avec Pascal Fauret et Bruno Odos à Punta Cana, juillet 2014.

35. Eric Marmottans, « Vol Air Cocaïne pour Saint-Tropez : “Nos maris sont innocents” », *Var-Matin*, 8 juin 2013.

36. Entretien avec Pascal Fauret et Bruno Odos à Punta Cana, juillet 2014.

37. Entretien avec Nicolas Pisapia à Punta Cana, juillet 2014.

38. Entretien avec Pascal Fauret et Bruno Odos à Punta Cana, juillet 2014.

39. Rihanna, X (ex-Twitter), 28 octobre 2013.

40. Entretien par Skype, septembre 2014.

41. Christophe Naudin, *Air Cocaïne - Les dessous d'une mystification*, L'Archipel, 2021.

42. «Air Cocaïne», Stéphane Rybojad et Thomas Dandois, avec Broadster et Memento. Série documentaire en quatre épisodes, première diffusion sur Canal+ les 22 et 29 mars 2023.

43. Sia Furler (auteure), *Diamonds*, Universal, 2012.

44. Christophe Naudin, *Air Cocaïne - Les dessous d'une mystification*, L'Archipel, 2021.

45. Syndicat national des pilotes de ligne, communiqué de presse du 6 juin 2013.

46. Entretien avec Pascal Fauret et Bruno Odos à Punta Cana, juillet 2014.

47. Entretien par Skype, automne 2014.

48. «Air Cocaïne : à la rencontre des pilotes retenus en République dominicaine», *Var-Matin/Nice-Matin*, 28 juillet 2014.

49. Interception téléphonique du 12 janvier 2015.

50. Frank Colin, interrogatoire du 16 avril 2015.

51. Compte tenu du décalage horaire, mais aussi de la durée de l'opération des forces dominicaines, la date du 20 mars 2013 est parfois retenue du point de vue de la France.

52. Christophe Naudin a été condamné pour sa participation à l'opération d'exfiltration des pilotes assignés à résidence en République dominicaine.

53. Christophe Naudin, *Air Cocaïne - Les dessous d'une mystification*, L'Archipel, 2021.

54. Entretien avec Pascal Fauret et Bruno Odos à Punta Cana, juillet 2014.

55. «L'ancien pilote isérois, Bruno Odos, héros malgré lui de la série *Air Cocaïne* sur Canal+», France Bleu Isère (en ligne), 4 avril 2023.

56. Entretien avec Pascal Fauret et Bruno Odos, Punta Cana, juillet 2014.

57. «Sous les radars», Investigate Europe, 12 août 2018, et Mathias Destal et Leïla Miñano, «Passe-droits et laxisme : bienvenue dans l'univers doré de l'aviation d'affaires», *Le Journal du dimanche*, 17 août 2018.

58. «Cash, diamonds, drugs, firearms & people smuggled in small airplanes» (communiqué de presse), Europol, 25 janvier 2011.

59. Pierre-Marc Dreyfus avec Mathieu Le Maux, *L'Affaire Air Cocaïne - Histoire d'un crash en plein vol*, Hugo Doc, 2023.

60. Pierre-Marie Doutrelant, «Le boulanger de Barbières», *Le Monde*, 13 octobre 1975.

61. Aurélie Féris, «Cinq générations au service du haras de Saint-Estève Janson», *La Provence*, 13 février 2016.

62. Pierre-Marc Dreyfus avec Mathieu Le Maux, *L'Affaire Air Cocaïne - Histoire d'un crash en plein vol*, Hugo Doc, 2023.

63. *Ibid.*

64. *Ibid.*

65. «François Thierry : "Le trafic de stups est devenu moins rentable"», *Nice-Matin*, 4 octobre 2011.

66. La société de droit luxembourgeois CAPS SA était actionnaire de SN-THS à hauteur de 34 %.

67. Entretien avec Pascal Fauret et Bruno Odos, Punta Cana, juillet 2014.

68. Jugement du Premier tribunal collégial de la chambre criminelle du district national, Saint-Domingue, République dominicaine, 15 août 2015.

69. Entretien avec Frank Colin, 6 novembre 2014.

70. Frank Colin et Manuel Jacquinet, *Je m'appelle Frank Colin. J'ai organisé l'affaire Air Cocaïne*, Malpaso-Radio Caroline Media, 2023.

71. Le parquet de la JIRS de Paris avait également ouvert une enquête préliminaire dès que les faits de Punta Cana ont été connus. Il s'est également déporté quand il est apparu qu'une information judiciaire était déjà ouverte dans le sud de la France.

72. Déposition du 8 janvier 2015.

73. Entretien avec Frank Colin, février 2014.

74. Frank Colin et Manuel Jacquinet, *Je m'appelle Frank Colin. J'ai organisé l'affaire Air Cocaïne*, Malpaso-Radio Caroline Media, 2023.

75. Rencontre-dédicace à la librairie Le Carré des Mots, Toulon, 26 mai 2023.

76. Entretien, novembre 2013.

77. Rencontre-dédicace à la librairie Le Carré des Mots, Toulon, 26 mai 2023.
78. Frank Colin et Manuel Jacquinet, *Je m'appelle Frank Colin. J'ai organisé l'affaire Air Cocaïne*, Malpaso-Radio Caroline Media, 2023.
79. *Ibid.*
80. «L'amant milliardaire de Lili Sandu va être papa», *Cancan* (Roumanie), 26 septembre 2007.
81. «Il veut faire un centre commercial dans un cimetière !», *National*, 4 novembre 2010.
82. «Un commerce des "âmes mortes" à 70 000 000 de lei moldaves», Centre d'investigation journalistique (Moldavie), 23 juillet 2010.
83. Marc Leplongeon et Jérôme Pierrat, *L'Affaire Air Cocaïne - Mafia et jets privés*, Seuil, 2015.
84. «En prison, le mari de Maria Marinescu écrit une lettre choquante à Andreea Raicu : "Tu n'étais qu'une aventure. Tu es hystérique".», *Cancan* (Roumanie), 22 mars 2014.
85. «Corina Constantinescu : un destin comme un poème d'Eminescu», *Jurnalul National* (Roumanie), 21 septembre 2008.
86. «Ioana Pavelescu - "Je vis à New York depuis 20 ans, mais je suis heureuse quand je reviens à la maison, parmi les miens"», *Formula AS* (Roumanie), 23 janvier 2014.
87. «Maria Marinescu réalise son rêve ! Elle a épousé Frank Colin», Pro TV (Roumanie), 22 juin 2009.
88. Marc Leplongeon et Jérôme Pierrat, *L'Affaire Air Cocaïne - Mafia et jets privés*, Seuil, 2015.
89. Frank Colin et Manuel Jacquinet, *Je m'appelle Frank Colin. J'ai organisé l'affaire Air Cocaïne*, Malpaso Radio-Caroline Media, 2023.
90. Rencontre-dédicace à la librairie Le Carré des Mots, Toulon, 26 mai 2023.
91. Entretien avec Frank Colin, février 2014.
92. Entretien avec Frank Colin, août 2014.
93. Entretien avec Frank Colin, août 2014.
94. Jean-Michel Dumay, «Le procès Yann Piat souligne l'emprise du milieu sur le Var», *Le Monde*, 16 mai 1998.
95. Procès-verbal d'audition du 5 juillet 2013.

96. Eric Marmottans, «Les dessous de l'agression ultra-violente du "père" d'un hôtel de luxe à Sanary», *Var-Matin*, 10 octobre 2019.

97. «Cae una peligrosa banda de la mafia marsellesa afincada en la Costa Brava», *El Periodico* (Espagne), 28 octobre 2014.

98. Arrêt de la Cour de cassation du 13 mars 2012, rejetant un pourvoi formé contre un arrêt de condamnation de la cour d'appel de Lyon du 14 décembre 2010.

99. Frédéric Poignard, «Les trafiquants de cannabis détenaient un million d'euros», *Le Figaro*, 9 mars 2007.

100. Marc Leplongeon et Jérôme Pierrat, *L'Affaire Air Cocaïne - Mafia et jets privés*, Seuil, 2015.

101. Claire Andrieux, *La Guerre de l'ombre - Le livre noir du trafic de drogue en France*, Denoël, 2020.

102. Déposition du 21 décembre 2015.

103. Déposition du 22 juillet 2015.

104. Marc Leplongeon et Jérôme Pierrat, *L'Affaire Air Cocaïne - Mafia et jets privés*, Seuil, 2015.

105. Notes d'audience, cour d'assises des Bouches-du-Rhône, 18 mars 2019.

106. Notes d'audience, cour d'assises des Bouches-du-Rhône, 19 mars 2019.

107. Willy Le Devin, «François Thierry : tuyaux, "tontons" et tonnes de shit», *Libération*, 22 mai 2016.

108. La place du Général-de-Gaulle.

109. Le ressort de la cour d'appel d'Aix-en-Provence est formé par les départements des Bouches-du-Rhône, du Var, des Alpes-Maritimes et des Alpes-de-Haute-Provence. Les dossiers criminels instruits par la JIRS de Marseille, qui couvre un territoire encore plus vaste incluant la Corse notamment, ont vocation à être jugés devant la cour d'assises des Bouches-du-Rhône à Aix-en-Provence.

110. L'assassinat, en 2014 à Nice, d'Hélène Pastor, plus grande fortune de Monaco.

111. Arrêté du 12 juillet 2021 portant admission à la retraite (magistrature) paru au *Journal officiel de la République française* le 21 juillet 2021.

112. Décret du 15 décembre 2020 portant nomination (magistrature) paru au *Journal officiel de la République française* le 17 décembre 2020.

113. Pierre-Marc Dreyfus avec Mathieu Le Maux, *L'Affaire Air Cocaïne - Histoire d'un crash en plein vol*, Hugo Doc, 2023.

114. Ce test consiste à présenter au sujet des figures symétriques insignifiantes, laissées à sa libre interprétation pour en tirer un profil psychologique.

115. Pascal Fauret et Bruno Odos se sont *de facto* désistés de leur appel en fuyant la République dominicaine.

116. Nicole Vulser, « Alain Afflelou s'installe à Londres, mais pas pour des raisons fiscales », *Le Monde*, 21 décembre 2012.

117. « 700 kg de cocaïne retrouvés dans son Falcon, Afflelou réagit », *Le Parisien*, 24 mars 2013.

118. Jugement du Premier tribunal collégial de la chambre criminelle du district national, Saint-Domingue, République dominicaine, 15 août 2015.

119. Conversation avec Luc Boutria, photographe, groupe Nice-Matin, juin 2023.

120. Jean-Michel Décugis, Valérie Hacot et Nathalie Schuck, « Christophe Castaner photographié en discothèque : la soirée qui tombe mal », *Le Parisien*, 15 mars 2019.

121. Christophe Naudin, *Air Cocaïne - Les dessous d'une mystification*, L'Archipel, 2021.

122. François de Labarre, « Aymeric Chauprade : "J'étais le chef de l'équipe 1" », *Paris Match*, 29 octobre 2015.

123. Olivier Faye, « Aymeric Chauprade part en guerre contre Marine Le Pen », *Le Monde*, 10 novembre 2015.

124. Frank Colin et Manuel Jacquinet, *Je m'appelle Frank Colin. J'ai organisé l'affaire Air Cocaïne*, Malpaso-Radio Caroline Media, 2023.

125. « RTL et Vous », RTL, 3 mars 2014.

126. « Le 7/9 », France Inter, 10 juin 2014.

127. Sergio Coronado, Cécile Cukierman, Annie David, Michelle Demessine, Christophe-André Frassa, Christian Kert, Pierre-Yves Le Borgn et Jean-Pierre Maggi.

128. Dans ce dossier, Nicolas Sarkozy a bénéficié d'un non-lieu.

129. Laurent Valdiguié, «“Air Cocaïne” : l’incroyable géolocalisation de Sarkozy», *Le Journal du dimanche*, 1er novembre 2015.

130. «Nicolas Sarkozy dégaine son “plan sécurité”», *Le Parisien*, 3 novembre 2015.

131. Notes d’audience, cour d’assises des Bouches-du-Rhône, 19 mars 2019.

Remerciements

Tout le temps et les déplacements consacrés à cette affaire n'auraient pu l'être sans Olivier Biscaye et les équipes successives de la direction des rédactions du groupe Nice-Matin. Merci également à Thierry Marro et à Fabrice d'Almeida pour m'avoir permis de poursuivre l'aventure Air Cocaïne au-delà des pages du journal.

Table des matières

CET OUVRAGE A ÉTÉ ACHEVÉ D'IMPRIMER SUR ROTO-PAGE
PAR L'IMPRIMERIE FLOCH À MAYENNE EN DÉCEMBRE 2023

N° d'impression : 103870
N° d'édition : P31774/01
Imprimé en France